LUTZ VON ROSENBERG LIPINSKY

PETRI HEIL

LUTZ VON ROSENBERG LIPINSKY

PETRI HEIL

Christsein ohne Kirche

HERDER

FREIBURG · BASEL · WIEN

MIX
Papier aus verantwortungsvollen Quellen
FSC® C014496

www.herder.de

Satz: Daniel Förster, Belgern
Herstellung: GGP Media GmbH, Pößneck
Printed in Germany

ISBN Print 978-3-451-39034-0
ISBN E-Book 978-3-451-82229-2

INHALT

FAST VORWORT

Das ist kein Vorwort. Auch keine echte Einführung. Vielleicht eine Geh- und Sehhilfe? Der Rollator im unwegsamen Gelände der christlichen Kirchen und was der Autor davon zu berichten weiß? Dieser Text ist eher eine Mischung aus Beipackzettel und Betriebsanleitung. Denn: Als Katholik muss ich die nicht zum Gebet, wohl aber zum besseren Erkennen der Schrift geneigten Leser*innen warnen. Herr von Rosenberg klingt seriös, ist es aber nicht. Er hat nichts, aber auch gar nichts, mit dem fränkisch-schwäbisch-katholischen Adelsgeschlecht derer von Rosenfels zu tun. Dafür ist der gebürtige Gütersloher und heutige Hanseat zu evangelisch. Er ist ein Nachfahre des Oskar von Rosenberg-Lipinsky. Der wurde, fast als Aprilscherz, am 2. April 1823 geboren. Über ihn sagt Wikipedia: Er war »ein deutscher Verwaltungsbeamter«. Das passt. Lutz von Rosenberg Lipinsky, der hanseatisch-protestantische Verwaltungsbeamte des deutschen Kabaretts mit ostwestfälischen Wurzeln. Aber dafür fehlt ihm der Bindestrich. Nein, nicht der zwischen Ost- und Westfalen. Der zwischen den Nachnamen. Verbindend ist er allerdings dann doch. Zwischen den Kirchen: Lutz von Rosenberg Lipinsky ist ständiges Mitglied im Ausschuss für Kunst und Kultur des Deutschen Evangelischen Kirchentages und gern gesehener Gast- beziehungsweise Leiharbeiter auch im Programm des Katholikentages. Und sogar zwischen den Religionen setzte er Bindestriche: Seit 2014 ist der studierte

Theologe auch mit seinem muslimischen Kabarett-Kollegen Kerim Pamuk auf Tour und zeigt den interreligiösen Showkampf »Brüder im Geiste«.

Wes Geistes Kind er ist, zeigt der bekennende Fan von Arminia Bielefeld mal im *Quatsch Comedy Club Berlin* und dann wieder bei einer Veranstaltung der Katholischen Arbeitnehmer-Bewegung im Dorfgemeinschaftshaus Limburg-Lindenholzhausen. Die Übergänge sind fließend.

Woher ich das weiß? Ich kenne ihn. Und die Protestanten. Viele. Gefühlt alle. Kennt man alle, kennt man auch ihn. Und wie. Einmal jährlich treffen wir uns bei Kirchen- und Katholikentagen. Dort kommentieren wir abends unter dem Titel »Late Night« das jeweilige Tagesprogramm. Als letzte Veranstaltung. Bis 22.45 Uhr, kurz bevor alle Teilnehmenden den letzten Bus nehmen müssen, um pünktlich von Dortmund nach Herne zu kommen, um dort in der Turnhalle auf Isomatten zu übernachten. Nach uns gehen die Lichter aus. Die Christenheit muss zeitig ins Bett, weil sie schon morgens sehr früh die Welt rettet und die Kirche in der Welt von heute. Nur merkt man das kaum noch: Völlig unlustiger Missbrauch, unzeitgemäße Insidersprache, unerklärte Rituale und ein unattraktives Image wie die fleischgewordene deutsche Vereinsgemütlichkeit verdunkeln die eigentlich gute Nachricht, von altgriechisch εὐαγγέλιον – *euangélion.* Eine frohe Botschaft, die zum Evangelium wurde. Und da steckt er ja nun wieder drin, der Protestant, der Reformierte, der Evangelische an sich.

Genau deshalb will Lutz von Rosenberg Lipinsky bei Ihnen und Euch mit diesem Buch die Lampen angehen lassen. »Mehr Licht!« – wie weiland Goethe in seiner letzten Stunde, will Rosenberg Lipinsky mehr Glanz in die vielleicht letzten

Stunden der uns bekannten Kirchen bringen. Er leuchtet aus, setzt gezielt einen Spot(t) oder hält einfach nur eine Funzel ins trübe Dickicht kirchlicher Realpräsenz. Lutz scheidet die Geister: Was sind Nebelkerzen, geworfen von Gottes protestantischem Bodenpersonal? Und wo ist es einfach nur katholischer Weihrauch?

Lesen Sie. Verstehen Sie. Wenn möglich. Aktive Christen in all ihrer Diversität werden sich sicherlich oft wiedererkennen. Als interessierter Laie (hier ausdrücklich nicht im katholischen Sinne als Nicht-Geweihter gemeint) werden Sie eher verunsichert staunen, sich fragend die Augen reiben und vielleicht doch zu dem guten Schluss kommen – ach, Christinnen und Christen sind auch nur Menschen. Aber eben mit der Option zum Heiligen. Das wird nicht immer sichtbar, ist aber da. Ein Zustand, den man auch kennt von den spielerischen Fähigkeiten des HSV.

Wie dessen Fans so ergeht es auch dem Autor dieses Buches und »Kicker«-Kolumnisten mit seiner Kirche: Er liebt sie. Gerade, weil sie mehr ist als ein Verein. Er sieht sie zu Höherem berufen, weil sie auch von daher kommt. Wenn, ja wenn da nicht die zweite Halbzeit im letzten Heimspiel, das Eigentor im Freundschaftsspiel gegen die C-Jugend oder der Streit zwischen Spielerrat und Trainer wäre.

Und der Titel? »Petri Heil«. Das wünscht der Angler, wenn er seinem Kameraden am Bachufer begegnet. »Petri Heil« setzt sich aus dem lateinischen Genitiv von Petrus und dem Wunsch nach »Heil« zusammen. Heil wie erfolgreich, wie »heil« für ganz, »heile« wie »heilen« und irgendwie auch »heilig«. Und das ist vielleicht auch der Gruß, wenn es keine Kirche mehr geben sollte und wir Christ*innen wieder freiberuflich aktiv werden müssen.

Petrus ist einer der biblischen Jünger Jesu und der, dem der symbolisch den Himmelsschlüssel überreicht. Ihn sehen die Katholiken (auch viele der Katholikinnen etc.) als so etwas wie den ersten Papst und Begründer einer Ämterreihe bis in die Gegenwart – die Protestanten wiederum interpretieren genau das irgendwie anders. Dieser biblische Petrus war wie die meisten der Kumpels von Jesus Berufsangler. Im Lukas-da-ist-es-wieder-Evangelium (Lk 5, 1–12) wird vom wunderbaren Fischfang am See Genezareth erzählt. Die Fischer, darunter auch Simon Petrus, hatten keinen Fang gemacht und kehrten in den Hafen zurück. Dort stieg Jesus ins Boot der enttäuschten Männer. (Frauen werden nicht erwähnt, womöglich, weil sie auch ohne Jesus erfolgreicher agiert hätten.) Denn: Sie hatten nichts gefangen. Jesus aber war nicht in der Stimmung, aus irgendwas Brot und Fisch zu zaubern. Vielmehr sollten sie noch einmal ihre Netze auswerfen. Die erfahrenen Fischer fanden das gar nicht lustig. Von dem Sohn eines Zimmermanns wollten sie sich nichts sagen lassen. Doch sie vertrauten ihm. Fuhren erneut hinaus und warfen wieder die Netze aus. Und fingen so viel, dass diese sogar zerbarsten.

Wenn man einem Angler also Petri Heil wünscht, hofft man, dass er so viele Fische fangen kann, wie Simon Petrus dereinst im Vertrauen und unter der Anleitung von Jesus. Die Tradition der Kirche folgt der Aussage Jesu, dass er seine Freunde zu Menschenfischern machen wollte – damit sie das Himmelreich finden.

Auch vor dem Angelsport machen allerdings die Anglizismen nicht halt: Statt »Petri Heil« wünschen sich Angler heute auch *Tight Lines.* Zu Deutsch »gespannte Leinen«. Ich wünsche Ihnen eine spannende Lektüre und dass Sie die Linien bei Lutz von Rosenberg Lipinsky im Dickicht der faszinierenden Welt des Christentums immer wieder finden: Christsein mit sinkender Kirchenbindung, bei schwindenden Traditionen und leeren Kirchen. Das gibt es. Das geht. Lesen Sie selbst. Und der Rest ist Glaube.

Ach ja, und eines ist mir beim Lesen des Buches auch aufgefallen. Herr von Rosenberg Lipinsky geht sehr frei mit den Geschlechtern um. Also schriftlich. Man kann sich bei ihm – wie übrigens bei allen Theologen*innen und Kabarettisten:innen – nie sicher sein, ob er jetzt mit Küster tatsächlich nur einen Mann meint oder auch die Option einer Frau oder der Diversität. Manchmal waren es in der Kirche halt einfach auch nur Männer – oder sind es. Also: Bitteschön ab in die Verantwortung. Vielfalt ist auf jeden Fall nicht das Ding des Autoren, vielleicht fehlt ihm dafür einfach der katholische Überblick einer Weltkirche. Lesen Sie also einfach alles geschwisterlich mit und seien Sie auch sonst eines: gnädig. Herr von Rosenberg Lipinsky kann als Protestant nicht beichten gehen. Er ist auf Gnade angewiesen. Also schenken wir sie ihm. Er hat nichts Anderes verdient.

Marcus Leitschuh

1

ENDE GELÄNDE
CORONA, EIN VORGESCHMACK

»Am Anfang war das Wort«. So lautet der Beginn des Johannes-Evangeliums nach der Lutherbibel. Grammatikalisch richtig wäre allerdings auch die Übersetzung: »Das Papier lag auf der Behörde«. Handelte es sich bei der Heiligen Schrift um ein originär deutsches Buch, wäre dies sicherlich auch die angemessenere Fassung. Wir wollen aber um der Einfachheit und der Sinnhaftigkeit halber hier der Luther-Version folgen, vor allem, weil sie als deutlich poetischer gelten darf.

Auch dieses Buch, das Sie nunmehr in analoger oder digitaler Form in der Hand halten, beginnt nämlich erstens am Anfang und zweitens mit einem Wort, genau genommen mit dem »Am«. Das macht das »Am« zum Vorwort – was aber nichts Besonderes ist, denn bis auf das berühmte »letzte Wort« am Schluss des letzten Satzes im gesamten Werk ist ohnehin jeder Begriff genau genommen ein Vorwort. Erst danach kommt nichts mehr. Das erst wird das Ende sein – aber nur das der Ausdrücke. Das letzte Wort wird übrigens »Ewigkeit« sein. Ein positiver Gedanke. Als Nach-Wort. Nicht das erste und einzige, aber das letzte seiner Art.

Perspektiven der Pandemie

Dieses erste Kapitel ist trotz seines eröffnenden Charakters allerdings eigen- und vollständig – und doch zugleich ein Vorgeschmack. Wie wir ihn ab März 2020 erleben durften – oder mussten. Geschlossene Kirchen, leere und ungenutzte Gemeindehäuser, Predigten per Stream (von »live« konnte selten die Rede sein) – die Lage mutete vielen dystopisch an. Es entstand der Eindruck, wir könnten in die Zukunft gesehen haben: in der Kirchen keine Rolle mehr spielen. Wenn es sie überhaupt noch geben wird.

Die Jahre 2020 und 2021 wurden bekanntlich entscheidend geprägt von einer sogenannten »Pandemie«, einer weltweit grassierenden Schlacht um Gesundheit und Klickzahlen. Ein Massaker, allumfassend, *pan*, betreffend die gesamte Bevölkerung, das *demos*. Eine unvorstellbare Naturkatastrophe biblischen Ausmaßes, ähnlich einem Abstieg von Schalke 04 aus der Bundesliga, Vergleiche mit den sieben Plagen und anderen apokalyptischen oder dystopischen Visionen erscheinen keineswegs unangemessen. Zigtausende Tote weltweit, soziale Isolation durch Kontaktverbote, Wirtschaftskrisen, ganze Länder standen still, Verschwörungstheoretiker, Naturmystiker und Endzeitprediger dagegen traten auf. Und fanden im Internet als zeitweise einzig legitimem Kontaktmittel unerwartete Verbreitung.

Zunächst wurde die öffentliche Diskussion bestimmt von Wissenschaftlern und Forschern, und das politische Handeln basierte auf deren Einschätzungen und Prognosen. Dann kippte die Stimmung. Je weniger man durfte, umso mehr traute man sich. Mehr und mehr kamen die Zweifler und Besserwisser aus den Löchern und stellten den vernünftigen Argumenten und der wissenschaftlichen Wahrscheinlichkeit ihre schlichte Meinung und ihre – oft interessengeleitete – eigene »Wahrheit« entgegen. Getarnt als »alternative Strategie«.

Teilweise wurden Bewegungen sichtbar, virtuell und real, die die Existenz der Krankheit schlicht leugneten. Tausende von Menschen hielten internationale Verschwörungen für plausibler, in denen chinesische Telefonfirmen, amerikanische Milliardäre und die globale Pharmaindustrie organisiert zusammenarbeiten. Aufgedeckt wurden solche Zusammenhänge von veganen Köchen oder verwirrten Popstars, die allemal als zuverlässige Quelle gelten durften, auf einem Niveau mit medizinischen Fachleuten und erfahrenen Journalisten. Die Aufklärung war: futsch.

Sichtbar wurden vielmehr schlicht mittelalterliche Verhaltensmuster, vom einfachen Aberglauben bis hin zu offener Denunziation und gewalttätigen Übergriffen gegen sogenannte »Andersgläubige«.

Dabei verlief die Grenze nicht zwischen unterschiedlichen Formen des Glaubens, sondern – wie eigentlich gewohnt – zwischen Glauben und Denken. Zu Letzterem gehört bekanntermaßen die Anerkennung von Fakten, wie auch deren ständige Überprüfung und Infragestellung bei sich ändernder Lage. Aber die Komplexität der Virologie, die Fehlbarkeit und Flexibilität von Wissenschaft an sich, die Unerfahrenheit mit diesem Virus im Speziellen, zudem dessen ständige Mutation, die stete Änderung der Faktenlage und die Vielzahl der Interpretationsmöglichkeiten überforderte viele und ließ sie ratlos zurück. Zudem wirkt die Politik oftmals panisch oder zumindest hektisch. Es entstand ein Vakuum. Der Raum für klassische Religiosität jeder Art.

Letztlich aber folgten die meisten Menschen hierzulande deshalb dann doch sicherheitshalber lieber der Regierung, die dazu aufforderte: »Glauben Sie keinen Gerüchten, sondern nur den offiziellen Mitteilungen.«

Aber allen gemeinsam war klar: Es muss geglaubt werden. So mag das sein. Glaube ersetzt ja oft den Zweifel und die Unwissenheit. Und gibt auch Hoffnung. Eigentlich sollte der Glaube auch befreien – so wie das Lachen. Dieses sollte uns nie und nimmer vergehen, wird die entscheidende Schlacht doch immer noch geschlagen im Angesicht von Krankheit und Tod. Erst wer wirklich bedroht ist und um sein Leben fürchten muss, kann zeigen, wie frei er ist. Und zwar nicht dadurch, dass er keine Maske trägt. Sondern dadurch, dass er der Letzte ist, der lacht.

Die Kirche glänzt – durch Abwesenheit

In dieser Situation stellte sich eine wesentliche Frage: Wo ist die Kirche? Religiöse Fragen, Existenznöte, Sorgen um geistiges und körperliches Wohlbefinden, Vereinsamung, Verwahrlosung – alle brauchten Hilfe. Unterstützung. Trost – alles Bestandteile unseres Glaubens. Aber wo war die Kirche? Natürlich ihrerseits zunächst auch hart getroffen vom Kontakt- und Veranstaltungsverbot. Die Geistlichen zogen sich zurück ins Gotteshaus und es wurde dort noch einsamer, als man es ohnehin schon gewohnt ist. Und das aus Sicherheitsgründen.

Die kirchlichen Funktionsträger waren schlicht rücksichtsvoll und wollten niemanden in Gefahr bringen. Als ob man das nicht ohnehin gewesen wäre. Und woanders vielleicht sogar mehr. Besonders gefährdete Menschen aber waren die Alten. Gewissermaßen entsprach die angestammte Zielgruppe der Kirche der des Virus – genannt: Risikogruppe. Also wurde Vorsicht das neue Leitmotiv.

Angesichts gesundheitlicher Risiken mieden die meisten Menschen einander. Die gesamte Welt schien erkrankt und entmutigt. Dass Schulen zeitweise geschlossen wurden, haben viele verschmerzt, insbesondere die Betroffenen: Die Jugend blieb einfach im Bett und die Lehrkräfte nutzten die Zeit, um sich auf ihrem Atari 1450XLD eine von diesen neuartigen E-Mail-Adressen einzurichten.

Geselligkeit war jetzt verpönt, Feiern und Veranstaltungen jeder Art wurden als gefährlich eingestuft. Insbesondere, wenn Alkohol im Spiel ist, also auch Gottesdienste mit Abendmahl. Wie der Gesundheitsminister dann erklärte, macht Alkohol nämlich unaufmerksam. Seien wir ehrlich: Dessen waren wir uns immer bewusst. Genau genommen ist diese sedierende Wirkung einer der Gründe, warum man überhaupt trinkt.

Aber klar: Der Covid-19-Virus war und ist geradezu diabolisch. Die Menschen insbesondere dort anzugreifen, wo sie sich treffen, sprechen, vortragen, singen? Das klingt, als hätte man eine Krankheit erfunden, die sich speziell gegen jede Form von Kultur richtet. Quasi eine RTL-ZWEI-Infektion.

Theater und Kirchen wurden geschlossen. Ob in dieser Situation der Einschluss die Lösung sein kann? Um nicht auch noch andere zu gefährden? Verständlich, ja. Aber richtig? War es überhaupt ein Ein- oder nicht doch eher ein Ausschluss? Nämlich derjenigen, die Beistand womöglich am nötigsten gehabt hätten, sich aber jetzt vor verschlossenen Türen befanden? Seelsorge ja, aber mit Abstand?! Mit dem brandneuen Medium »Telefon«? Oder dieser brandheißen Sache aus dem Internet: »Spazierengehen«?

Ketzerisch gefragt: Was ist denn die christliche Antwort auf die Gefährdung menschlichen Lebens? »Schließt Euch ein und bleibt unter Euch!«?

Der vormalige evangelische Pfarrer Jürgen Fliege beendete jahrelang seine gleichnamige Fernweh-Talkshow mit ähnlichen Worten: »Passen Sie auf sich auf!« Das klang wie eine Drohung, wie: »Wir sind für Sie nicht mehr zuständig.« Der Mensch wird sich selbst überlassen und damit preisgegeben.

Angesichts einer weltweiten unsichtbaren Bedrohung wäre es vielleicht auch möglich gewesen, anders zu reagieren. Eine geistliche und vielleicht auch geistige Antwort zu finden auf die Angst der Menschen. Natürlich ohne ihre Gesundheit zu gefährden. Stattdessen aber kirchlicherseits: Stille.

Verschlossene Kirchen und geschlossene Gemeindehäuser. Verschobene Konfirmationen und gemeindelose Taufen im eigenen Garten, abgesagte Hochzeiten – und Beerdigungen ohne Trauergemeinde. Der Tod war in dieser Zeit ein einsamer Geselle.

Wandern im tiefen Digi-Tal

Es gab natürlich Ausnahmen. Totale Stille entspricht bekanntlich nicht wirklich dem christlichen Sendungsbewusstsein, der Empfänger muss versorgt werden. Mancherorts folgte daher eine hektische Digitalisierung. Größer als die Verzweiflung der christlichen Gemeinden war nur die etlicher Kulturschaffender, mussten diese doch auch noch mit ihrem digitalen Auftreten Umsätze generieren – ein im Internet quasi aussichtsloses Vorhaben. Das hielt aber viele Künstlerinnen und Künstler dennoch nicht davon ab, ihre Musik oder ihre Sprache oder ihr Gesicht kostenlos im WWW zu positionieren. Angeblich, um die Beschränktheit häuslichen Aufenthalts durch ihr Schaffen zu bereichern. Und die Menschen zu trösten, die doch angeblich so sehr litten unter geschlossenen Theatern und Museen und Clubs. Das Erstaunen war groß, als die ersten Lockerungen in Kraft traten und die Menschen trotzdem nicht wieder ins Kino gingen.

Kirchlicherseits war Monetarisierung sicher nicht das Ziel digitaler Auftritte. Diesbezüglich ist man ja durch Steuereinnahmen noch ausreichend abgesichert. Noch. Nein: Der Antrieb war eine Mischung aus Geltungsbewusstsein und dem guten Vorsatz, Kontakt zu den Gemeindemitgliedern zu halten. Oder gar neue zu gewinnen. Aber auch hier: Fehleinschätzung.

Mit einer Videokamera die leere Kirche zu filmen, kein gemeinsames Singen erleben zu können und somit gewissermaßen nur die Predigt anzuhören, war wohl doch nicht so reizvoll. Selbst die Stammbesucher der örtlichen Gottesdienste verzichteten oftmals auf den frustrierenden Anblick ihrer leeren Kirchenbänke und ihres einsamen Pfarrers und zogen es vor, Gott im Wald zu suchen. Und zwar im nicht übertragenen Sinne.

Die unsichtbare Kirche – Gespenstische Heilige

Das Positive an dieser nahezu protestlosen Verschlusshaltung war lediglich, dass die Kirche uns damit unfreiwillig einen Blick in die Zukunft ermöglicht hat. So konnten wir erleben, wie es hierzulande womöglich bald aussehen könnte: verschlossene Türen. Kein Anschluss unter dieser Nummer. Kirchen und Gemeindehäuser stehen leer. Als gäbe es keine Institution, keine Organisation – und erst recht keine Bewegung. Kirche war quasi unsichtbar, als die Not am größten war. Das war ein Vorgeschmack: nicht nur denk-, sondern auch sichtbar, dass Kirche bald gar nicht mehr vorhanden sein wird. In den ehemaligen Gotteshäusern könnten Restaurants oder Clubs eröffnen. Oder Moscheen. Das Haus bleibt heilig, aber die Religion wechselt. In der Gastronomie ein normaler Vorgang: Pächter kommen und gehen, das Paulaner aber bleibt.

Ein Jahr vor Beginn der Pandemie hatte passenderweise das Forschungszentrum Generationenverträge (FZG) der Universität Freiburg seine Prognose veröffentlicht. Derzeit bezeichnet sich nur knapp ein Viertel der Bevölkerung als agnostisch oder atheistisch. 54 Prozent sind hierzulande evangelische und katholische Kirchenmitglieder, die übrigen gehören einer Freikirche an, sind muslimisch, orthodox, jüdisch oder Angehörige einer anderen Religion. Doch der FZG-Prognose zufolge wird sich das ändern: Demzufolge wird der Anteil der Kirchenmitglieder an der Bevölkerung bis 2060 von derzeit 54 Prozent auf 29 Prozent sinken. Immerhin werden Christen damit immer noch die größte religiöse Gruppe stellen – es sei denn, Schalke 04 gelänge es, in dieser Zeit doch mal die Meisterschaft zu holen. Aber das muss doch als extrem unwahrscheinlich gelten.

Sicher ist: Die Kirche geht den Weg der SPD von der Volkspartei zur Splittergruppe. Selbst wenn die katholische Kirche auch eine Doppelspitze einführen sollte, würde sich daran wohl nichts mehr ändern. Der Weg von der Volkskirche zum Hauskreis scheint vorprogrammiert.

Dies ist das Szenario, auf das wir uns, nunmehr erfahrungsbasiert, einstellen können. »Wo zwei oder drei in meinem Namen versammelt sind …« – das wird bald wieder Wirklichkeit sein. Und wir können uns endlich darauf vorbereiten. Beim Gedanken daran packt viele Christinnen und Christen das blanke Entsetzen. Sie sehen das Ende der Kirche als Weltuntergang und befürchten im Anschluss unmittelbar das Jüngste Gericht. Oder sehnen es womöglich herbei.

Jedem Ende wohnt ein Anfang inne

Ja, jahrhundertealte Traditionen werden vergehen, Gewohnheiten, Rituale, vielleicht gar Überzeugungen. Aber womöglich entsteht daraus auch etwas Neues – Bewegung statt Institution.

Unsere Angst vor einem möglichen Ende der uns vertrauten Kirchen sollten wir überwinden, denn sie wird nicht helfen. Nehmen wir den Verlust als Chance, packen wir die Gelegenheit beim Schopfe. Lasst uns rausgehen, an die Hecken, an die Zäune, von Mensch zu Mensch, Auge in Auge, nicht mehr von oben herab, überwinden wir unsere institutionelle Kontaktsperre und lernen wir endlich, Antworten zu geben auf Fragen, die wirklich gestellt werden. Dieses Buch will dabei helfen.

Wir lieben unsere Kirche, ja. Aber sie war und ist auch oft ein Ballast, in all ihrer Macht, ihrer Gewalt, in ihrem Habitus. Wie oft mussten wir uns für sie rechtfertigen und erleben, wie die christliche Botschaft verschwand im Sog der religiösen Bannmeile, als die viele die Kirchen empfinden. Vielleicht sollten wir zur Kenntnis nehmen, dass wir auch ohne sie glauben können.

Wenn es keine Kirche mehr gibt, wird uns einiges fehlen. Aber an vielen Stellen wird es auch Erleichterung geben. Atmen wir einmal tief ein und spielen es gemeinsam durch.

Ausguck

Was wünscht man sich? Zu Geburtstagen oder Jubiläen? Gesundheit, Glück ... und dann hört es meist schon auf.

Gesundheit gilt als besonderes Gut – gerade in fortschreitendem Alter. In dem man »ja alles schon hat«. Sie gilt, ähnlich wie Glück, als Geschenk. Etwas, das man sich nicht verdienen kann. Das aber auch nicht sicher ist. Und niemandem einfach zusteht.

Wir erlebten aber unlängst, wie eine gesamte Gesellschaft unter das Diktat ebendieser Gesundheit gestellt wurde. So, als wäre sie denn doch ein Verwaltungsakt oder der staatlichen Sicherheit unterworfen. Der Schutz bedrohten Lebens darf durchaus als gesellschaftlicher Konsens gelten – berührt wurden aber auch Fragen der Würde desselben. Darf man die Gesundheit von Menschen schützen, indem man sie voneinander trennt?

Viele Familien waren fassungslos, als sie die Großeltern nicht mehr besuchen durften. Oder sogar Angehörige verloren, ohne sie auf ihrem letzten Weg begleiten zu dürfen. Allein aber waren die Sterbenden nicht. Denn die Betreuung in Krankenhäusern und Altenheimen war vielerorts nicht nur professionell, sondern auch unglaublich intensiv und von großer Fürsorge; das persönliche Engagement der in der Pflege Beschäftigten teilweise übermenschlich.

Das dürfen wir für die Zukunft mitnehmen: Dass christliche Werke Gutes tun. Auch in unserem Namen. Und dass sie die Menschen eben nicht alleinlassen – auch dann, wenn wir selber nicht bei ihnen sein dürfen.

Und dies müssen wir mitnehmen: dass Gesundheit nicht alles ist, sondern dass jeder Mensch mehr braucht. Beispielsweise Nähe und Zuspruch. Das Leben ist ein Risiko und es hat in jedem Fall ein Ende. Lasst uns daher zukünftig grundsätzlich einfach mehr füreinander da sein. Und früher.

2

WER ZULETZT LACHT GLAUBEN UND HUMOR

Ein Priester, ein Rabbi und der Papst kommen in eine Bar. Fragt der Barkeeper: »Soll das ein Witz sein?!«

So ist das wohl: Fromme Menschen gelten an sich als unlustig, werden aber ihrerseits oft zum Ziel von Gespött. Was womöglich daran liegt, dass sie als besonders ernst gelten. Ganz vielleicht auch als komisch – aber eher im Sinne von seltsam.

Dabei glauben sehr viele Menschen – aus vielen unterschiedlichen Gründen. Das beginnt durchaus bei Banalitäten: Wir Deutschen glauben zum Beispiel, es ergebe Sinn, eine Straße nur zu überqueren, wenn die Fußgängerampel uns auch »grün« zeigt. Dann aber wäre es sicher. Die Grenzen dieser Religiosität erfährt man oft allerdings schon wenige hundert Kilometer weiter südlich – in Italien kann aus diesem Glauben nämlich sehr schnell eine Nahtoderfahrung werden. Und zwar, wenn man dort von einem katholischen Priester überfahren wird, der, wie viele seiner Landsleute, Ampeln für eine überflüssige Form der Straßenbeleuchtung hält. Während der unsere Knochen unter den Rädern seines Fiat zermalmt, erklingt womöglich noch aus den dröhnenden Autoboxen seines

Fahrzeugs: »Näher, mein Gott, zu Dir!« – und schon ist man im Paradies. Wofür viele teutonische Akademiker insbesondere die Toskana ohnehin halten.

Risiko ist für uns Deutsche ein Faktor, den es unbedingt auszuschalten gilt. Wir glauben eher an Sicherheit als höchstem Lebenswert, an Versicherungen als deren Präsenzform. Eine Mitgliedschaft beim ADAC halten wir für eine lebensverlängernde Maßnahme. Wenn wir irgendein Problem haben, glauben wir, dass irgendjemand in irgendeiner Behörde dafür zuständig sein muss, es zu lösen. Leider geht der nie ans Telefon oder ist immer »zu Tisch« oder »nicht am Platz«. Das erschüttert unseren Glauben aber nicht im Geringsten. Viele von uns glauben auch, »die da oben« machen ja, »was sie wollen«. Wer oder was auch immer »die« sind – das stimmt mit Sicherheit. Wir glauben auch an die Berechenbarkeit von Wetter und unser Grundrecht auf schlechte Laune.

Geglaubt wird aber überall, nicht nur in Deutschland. Der Australier glaubt, dass die Sonne immer scheint. Der Skandinavier, dass es gar keine gibt. Der Amerikaner glaubt, die Welt wäre sein Spielplatz. Der Chinese glaubt, dass man alles essen kann. Und der Russe, dass er alles verträgt. Nun ja: Jeder nach seiner Fasson. Beim Glauben geht es aber natürlich meistens um mehr als um Essen, um mehr als nur um »die Zwölf mit den sieben Kostbarkeiten«. Und damit meine ich nicht das letzte Abendmahl.

Wer glaubt, wird selig

Religiosität gilt daher auch als ernste Sache. Glaube und Humor passen deshalb angeblich nicht zueinander – so die allgemeine Ansicht. Das hat verschiedene Gründe: Grundsätzlich gilt vielen Menschen der Fromme als naiv. Oder auch als faul, weil er die Dinge angeblich nicht zu Ende denkt, oder als feige, weil er den schrecklichen Zustand der Welt nicht erträgt und sich die Dinge schön zurechtphantasiert. Ja, schlimmer noch: Weil er Mitverantwortung ablehnt und für alle Probleme eine nicht sichtbare, womöglich überirdische Kraft verantwortlich macht.

Dabei äußert sich Glaube auf sehr unterschiedliche Weise: Manche wenden sich erst recht der Welt zu und versuchen, diese zu verbessern oder zumindest von ihren eigenen Ansichten zu überzeugen. Andere dagegen ziehen sich tatsächlich zurück und versinken in ihrer eigenen Frömmigkeit. Zwischen Gott bzw. göttlichen Wesen und der Welt und ihren Bewohnern aber gibt es in aller Regel einen Abstand. Und der ist meistens größer, als mögliche Kontaktregeln es vorschreiben.

Warum glaubt man? Manche machen religiöse Urerfahrungen oder werden Zeuge eines Wunders. Andere werden einfach schwermütig, andere sind leicht zu begeistern. Wieder andere haben eine narzisstische Störung und wollen schlicht anderen Menschen etwas voraus haben – und sei es ein unmittelbarer Zugang zum Allmächtigen oder zu einem seiner Stellvertreter. Und dann gibt es noch die Berufenen, die eine Stimme gehört haben. Natürlich als einzige. Dann gibt es noch die, die ihren Glauben schlicht von den Eltern geerbt haben, und diejenigen, die sich opfern möchten und dafür nicht ganz grundlos ein religiöses Umfeld für am besten geeignet betrachten. Und schließlich gibt es noch die, die sich einfach nur total langweilen und denen beim besten Willen nichts einfällt, wofür es sich zu leben lohnt. Also glaubt man. Irgendetwas. Hauptsache, man tut es. Allen Gläubigen ist eben letztlich gemeinsam, dass sie mit sich selbst und der Welt, so wie sie ist, nicht zufrieden sind. Beziehungsweise »nicht im Reinen«, wie ein Esoteriker vermutlich sagen würde.

Fantasy Island

Glaube wird von Nicht-Gläubigen vielfach als schlichter Eskapismus betrachtet. Dabei ist es durchaus ja nicht unverständlich, wenn man hier nur raus will. Insbesondere wenn schon wieder Montag ist. Oder man aus dem Fenster schaut und feststellt, dass man immer noch in Offenbach wohnt. Oder wenn man im Autoradio schon wieder Helene Fischer hören musste. Seien wir ehrlich: Unsere Existenz hier auf Erden ist nicht alternativlos und nicht zwangsläufig. Sie ist vielmehr sehr oft ermüdend und erscheint oft auch schlicht störend.

Da ist es – im Gegenteil – sogar von Vorteil, wenn man sich etwas Besseres wünscht: Fließenden Verkehr auf der A 1, einen Bundestag ohne die FDP oder die deutsche Meisterschaft für Arminia Bielefeld. Man wird ja wohl noch träumen dürfen.

Es ist sogar mehr als verständlich, wenn man sich eine bessere Zeit oder einen besseren Ort vorstellt. Sogar Jesus selbst beendete seine Erdenzeit und fuhr zum Himmel auf – so doll fand er es hier also auch nicht. Mohammed wollte ebenfalls nicht länger als unbedingt nötig bleiben. Auch das Judentum sehnt durchaus ein Ende herbei. Und die fernöstlichen Religionen scheinen am Hier und Jetzt sogar grundsätzlich kein Interesse zu haben.

Die Vorstellungen von besseren Welten sind aber nicht gleichbedeutend mit einer Verweigerung der hiesigen. Wer glaubt, weicht aber vielleicht auch gar nicht aus, sondern kommt womöglich nur besser klar mit Ohnmacht und

Unwissenheit. Denn, ja, natürlich glaubt man auch, weil man etwas nicht weiß. Das man allerdings teilweise auch nie wirklich wird wissen können. Wie die Welt entstand oder was nach dem Tod kommt – diese Fragen sind auch beim besten Willen und mit größter Intelligenz nur schwer zu beantworten. Es mangelt schlicht an Evidenz.

Insbesondere im Falle endlichen oder ewigen Lebens weiß man es einfach nicht. Und wenn man es erfährt, kann man es den Hinterbliebenen nicht mehr vermitteln. Denn die wenigsten kommen nach dem Tod ja zurück. Und die, die nah dran waren und es tun, berichten zumeist doch sehr unterschiedliche Dinge über das »Danach«. Der eine erzählt von einem Tunnel, der andere berichtet von einem Licht. Wahrscheinlich ist das eine Frage des jeweiligen Standpunkts: Vermutlich befand sich der eine auf den Gleisen und der andere im Führerhaus.

Wir wissen nicht, ob etwas nach unserem Tod kommt. Und wenn ja, was. Deshalb fürchten viele sich davor. Genau wie vor dem Abitur. Dieselbe bange Frage: Was kommt danach? Was wird genau geprüft? Habe ich umsonst gelernt? Findet man meine Spickzettel?

Nach dem Abitur, wenigstens das wissen wir, geht es irgendwie weiter. Germanistikstudium, Arbeitslosigkeit. Oder beides. Aber irgendwie geht es weiter. Nach dem Tod? Wir wissen es nicht. Aber wir stellen es uns vor.

Das müssen wir. Denn es lässt sich nicht erforschen. Religion hat insofern durchaus den Charakter eines Platzhalters für die Naturwissenschaft: Je weniger man weiß, umso mehr muss man glauben. Deshalb sind in der Kirche vor allem Kinder und alte Leute – die einen haben noch nichts erlebt, die anderen können sich an nichts erinnern. Oder eben nur an die guten, alten Zeiten.

Ist das aber ein Beleg für die Dummheit eines jeden frommen Menschen? Oder vielleicht doch einer für dessen Fähigkeit, mit der eigenen Begrenztheit leben zu können? Wer etwas glaubt, begibt sich ja bewusst in einen Raum frei von Kritik, den kann so schnell nichts erschüttern. Der regt sich nicht über alles auf. »Waaaas? Butter ist schon wieder teurer geworden?!« – »Wie bitte? Der geht auch zu Bayern München!?« – »Was? Soooo lange geht das schon!?!«. Die aktuelle Erregungsgesellschaft lässt den Gläubigen eher kalt. Der lacht auch weniger, er lächelt vielmehr milde. Er kann die Welt ändern, aber er muss es nicht.

Denn der Gläubige hat auf jede Frage eine Antwort. Er ist mit der Welt im Reinen. Er hat den Widerspruch gelöst zwischen der Vorstellung von dem, wie die Welt sein könnte, und dem Zustand, in dem sie sich befindet. Ungläubige aber lachen dann über ihn, wenn und weil sie dies nicht nachvollziehen können. Und ihn in seiner Harmonie wiederum für einfältig halten und ihrerseits meinen, den Kontrast zum wirklichen Zustand der Welt zu sehen.

Wer glaubt, hat die Lücke geschlossen zwischen dem, was zu verstehen oder allgemein bekannt ist, und dem, was uns zu hoch ist. Dem Glauben voraus geht nämlich stets ebendiese Erkenntnis: Dass wir nicht alles erforschen und nie alles werden verstehen können. Zum Beispiel, was vorging im Kopf des ersten Menschen, der feststellte, dass man Kühe melken kann. Was der eigentlich vorhatte, wollen wir gar nicht wissen. Darüber decken wir den Mantel des Schweigens.

Religion ist lachhaft

Wer glaubt, muss nicht mehr für seine eigene Vorstellung des Lebens und der Welt, wie sie sein sollten, kämpfen. Und kann damit leben, dass sich wenig ändern und er vieles nie erfahren wird. Die unsichtbare Welt lässt die sichtbare leichter ertragen – oder auch genießen. Je nach Konfession. Religion, also organisierter Glaube, aber führt dieses Prinzip ad absurdum: Da werden Strukturen geschaffen, es entstehen Institutionen, es gibt Lehren, Regeln, Priester, Rituale, Heiligtümer – alles nur, um Gott sichtbar und erlebbar zu machen, ihm eine dauerhafte Gestalt zu geben und in die irdische Realität zu übersetzen. Das ist absolut lächerlich. Daher ist jede Religion in sich schon ein schlechter Scherz. Gott ein Haus zu bauen, ist Hybris. Und wird bestraft. Mit Kirchenkabarett auf Katholikentagen.

Dagegen ist jeder Witz wie ein guter Glaube: Er hilft, die eigene Unwissenheit und Ohnmacht zu ertragen – und sei es dadurch, die Unvollkommenheit anderer oder der Welt an sich zu zeigen. Es geht um das Blankziehen, um die Demonstration von Dysfunktionalität. Humor ist die ultimative Relativierung: Er stellt die Mächtigen bloß und gibt den Ohnmächtigen Kraft: Zumindest für die Dauer einer Pointe sind sie auf Augenhöhe.

Fahrende Komiker sind daher wie Wanderprediger – beide können so gut sein, wie sie wollen: Sie müssen sich ihr Publikum immer wieder neu erspielen. Sie begeistern. Und können dann vielleicht sogar abkassieren. Allerdings auch mit einem Fehlgriff oder einem falschen Satz für immer in der Versenkung verschwinden. Top oder Flop, Chartstürmer oder Rohrkrepierer – der freie Glaube unterliegt demselben Risiko wie die Populärkultur.

Vermutlich genau aus diesem Grund wollten Gläubige aus ihren jeweiligen metaphysischen Urerfahrungen überall auf der Welt organisierte Religionen bauen. Sie wollten nicht mehr abhängig sein von den Stimmungsschwankungen des Publikums und haben versucht, das Hobby zum Beruf zu machen. Und damit auch die Einnahmen zu verstetigen – was insbesondere in Deutschland sensationell funktioniert, wo sich sogar der Staat für die Kirchen als Klingelbeutel zur Verfügung stellt, für sie das Geld eintreibt und sich das auch noch gut bezahlen lässt. Sensationell.

Überall aber wurde der Glaube früher oder später zur Religion und dadurch natürlich auch nicht nur zu etwas Metaphysischem (das war er schon vorher), sondern auch zu etwas Überpersönlichem. Dann geht es um objektive Wahrheiten, die richtige Lehre, aber auch um Gruppenbildung und Fraktionierung, um richtig oder falsch, um Ausgrenzung, um Besserwisserei, um Belohnung und Bestrafung, um die Festlegung von dem, was man eben gerade nicht wissen kann, sondern glauben muss. Schluss mit der Unsicherheit, der Unwissenheit, der Unklarheit. Das scheint Menschheitsgeschichte zu sein: Aus jeder Bewegung wird irgendwann eine Einrichtung. Und irgendwann stellt sogar die Friedensbewegung in Form der Partei »Die Grünen« einen Kanzler. Oder eine Kanzlerin – so viel Zeit muss sein. In jedem Falle ist dann klar: Jetzt wird es ernst. Schluss mit lustig. Jetzt hat man etwas zu verlieren – der Spaß ist vorbei. Je größer und wichtiger die Organisation, umso weniger ist ihr zum Lachen zumute. Traurig.

Dabei würde gegen Unbeweglichkeit nur ein guter Witz helfen – auch der Kirche. Denn Humor und Glauben haben dieselben Voraussetzungen. Ihre Grundlage ist dieselbe Einsicht, nämlich die in die eigene Ohnmacht und Unkenntnis: »Das ist unverständlich.« »Da stimmt etwas nicht.« »Das ist zu schlimm, das ist uns zu hoch, das ist zu viel, da ist was faul.« Genau wie der Glaube braucht auch das Gelächter Missverhältnisse – jeder

Art, optisch, akustisch, wie auch gesellschaftlich. Lachen ist das ultimative Ventil. Dort entweicht Druck jeder Art.

Insofern widersprechen sich Glaube und Humor nicht. Im Gegenteil – sie haben dieselbe Wurzel. Beides sind Werkzeuge, um den Widerspruch aufzulösen, in dem wir Menschen uns befinden. Mit uns selbst und unserer Umwelt. Wenn die Kirche untergehen sollte, bleibt uns trotzdem der Glaube. Und auch das Lachen. Nicht nur zu Ostern – dann aber besonders.

Ausguck

Wir sollten wissen, dass wir alle glauben. Und was wir glauben, darf jeder wissen.

Die über Jahrhunderte entstandene Dogmatik der Kirchen, seien wir ehrlich, verstehen die wenigsten. Die dadurch entstandene Wissenschaft und ihre Repräsentanten in allen Ehren: Die Historizität biblischer Handschriften und die damit angeblich erwiesene mehr oder weniger große Authentizität sind für den Glauben doch von begrenzter Relevanz. Es gab nie einen wirklichen Zusammenhang zwischen Wissenschaft und Frömmigkeit, eine Art Glaub-Würdigkeit.

Die gewachsene Lehre, theologische Bildung und die Auseinandersetzung damit wird immer wichtig bleiben. Und sie wird nicht verschwinden, weil es womöglich keine Kirchen oder keine theologischen Fakultäten mehr gibt. Im Gegenteil. Vielleicht werden diese überkonfessionell oder multireligiös und bekommen dadurch noch größere Bedeutung. Den Grundstein für das *House of One* in Berlin haben ein Pfarrer, ein Rabbiner und ein Imam in Berlin gemeinsam gelegt.

Aber was es vielleicht so nicht mehr geben wird: die Belehrung. Als erste Berührung mit dem Glauben erleben wir doch vielfach das Betreten eines geistigen Korridors, der vor langer Zeit von alten, weißen Männern gebaut worden ist. Mehr Unbefangenheit dürfte sein. Und vielleicht auch andere, weniger rationale Berührungspunkte. Warum nicht mehr Tanz, mehr Bild, mehr Duft? Die Religionen der Welt haben viel mehr Formen zu bieten als Sitzen und Zuhören und Aufstehen und Hinsetzen und alle zehn Minuten einmal singen.

Wir brauchen keine Naivität, keinen Neuanfang. Aber mehr Offenheit. Das Ende der Amtskirche könnte dies ermöglichen. Weil es keine institutionellen Eigeninteressen mehr gäbe und keine intellektuelle Besitzstandswahrung. Lasst uns doch mal wieder drauflos glauben. Und denken. Mehr Mut!

3

HALLELUJA, HAURUCK UND HAUDRAUF KIRCHENGESCHICHTEN

Wir Germanen waren zwar immer schon religiös, aber ja lange Zeit gar keine Christen. Wir haben ewig sehr seltsame Dinge geglaubt. Sehr, sehr seltsame Dinge. Die hatten viel mit Donner zu tun. Und mit Bäumen. Genau genommen war das vermutlich gar kein Glaube, sondern nackte Angst vor der Gewalt der Natur. Eher ein Schaudern, das uns in Demut versetzte, eine Art Gottesfurcht. Uns war die Welt immer zu grausam und zu unberechenbar. Und wir uns selber auch. Die daraus resultierende Skepsis bestimmt bis heute unser Naturell: Man nennt sie *German Angst*. Und die »Berufsunfähigkeitsversicherung« ist ihr Ergebnis.

Wald und Wiese

Erst zwischen dem 5. und 8. Jahrhundert kam das Christentum zu uns, zusammen mit der Zivilisation. Während anderswo Astronomen Planeten erforschten und Ärzte kluge Lehrwerke verfassten, haben wir im Wald gehaust, uns im Schlamm gewälzt oder gegenseitig verprügelt. Kanalisation oder befestigte Straßen waren ein Luxus des römischen Reichs. Dieses aber expandierte – ein wenig unvorsichtig – gen Norden und entkorkte damit den teutonischen Flaschengeist: den Neid. Das sollte man tunlichst unterlassen: Wenn wir Germanen mitbekommen, dass irgendjemand besseres Essen hat als wir oder besseres Wetter oder besseren Wein, werden wir sauer. Konsequenz war die sogenannte Völkerwanderung – klingt ein wenig nach Vatertagsausflug mit Gamsbarthut. War aber eine hoch destruktive Form des Plünderns und des Brandschatzens. Wohlgemerkt – nach getaner Arbeit sind wir wieder zurück nach Hause gelaufen. Wir selber wollten den Wein, das Essen und das Wetter gar nicht – wir wollten nur, dass die anderen das auch nicht haben. Nach dem Motto des Schalker Verteidigers Rolf Rüssmann: »Wenn wir hier schon nicht gewinnen, treten wir ihnen wenigstens den Rasen kaputt.« Unser germanischer Rachefeldzug hält übrigens bis heute an, wenn auch inzwischen auf befestigten Straßen und zumeist nur noch in Form touristischer Barbarei.

Im Zuge dieses kulturellen Urknalls kamen wir Germanen überhaupt in Kontakt mit dem christlichen Glauben, der vor allem aufgrund eines Gedankens überzeugte: Gleichheit. Bereits in Rom war der egalitäre Charakter des Christentums ein zentrales Verkaufsargument: Die Gleichstellung von Freien und Sklaven – und auch die von Männern und Frauen. Vermutlich war dies der eigentliche Brustlöser, viel mehr als theologische Erwägungen über Erlösung und ewiges Leben.

Den Untergang Roms hat die Kirche überlebt und konnte sich weithin über den Kontinent verbreiten, bevor mit dem Islam die erste ernstzunehmende Konkurrenz auf den Plan trat. Die sich allerdings vielfach auch nur von den jüdischen und christlichen Vorlagen inspirieren ließ. Vor allem was regionale Zugewinne angeht und die Besetzung von Landstrichen durch eigene Sakralbauten, gelang es der Konkurrenz allerdings zu keinem Zeitpunkt, die Kirche vom Spitzenplatz in Mitteleuropa zu verdrängen. Zumindest bis in das 21. Jahrhundert hinein. Bei allen Wachstumsprognosen scheitert der Islam aber bisher zumeist an den organisatorischen Fragen. Er wird es wohl auf absehbare Zeit nicht schaffen, sich auf einen gemeinsamen Heiligen Stuhl zu einigen. Oder auf dessen Standort. Oder dessen Aussehen. Oder auf das Material. Oder oder oder …

Der christliche Glaube ist daher nun schon seit über tausend Jahren die in Westeuropa dominierende Religion. Und die Kirche – in ihren unterschiedlichen Ausprägungen – die Form, in der sie sich zeigt. Mehr nicht, aber auch nicht weniger. Christen haben sich versammelt und die Bedingungen für ihre Begegnungen geschaffen. Sie haben sich organisiert und aufgestellt und sich umeinander und auch um andere gekümmert. Um dies tun zu können, wurden die materiellen Möglichkeiten dafür geschaffen und sogar politische Strukturen. Das ist aber natürlich kein Altruismus, sondern eine logische Folge der wachsenden Bedeutung.

Auf sie mit Gebet!

Wenn man so will, kann man die Kirchengeschichte beschreiben als eine Geschichte von der Bewegung zur Organisation und Institution und vielleicht nun zu einem modernen Netzwerk. Wobei alle Elemente eigentlich immer schon auch zeitgleich vorhanden waren und sind, wenn auch in unterschiedlicher Stärke.

Reine Bewegung war der christliche Glaube ja vor allem in seiner Anfangszeit. Und zwar im wahren Sinne des Wortes: Die Apostel und die ersten Missionare haben mächtig Meter gemacht. Seit das Christentum im vierten Jahrhundert zur Staatsreligion des Römischen Reichs wurde, verlagerte sich diese dauerhafte Wanderschaft in die jeweiligen neuen Missionsgebiete. Und in spezielle Zirkel und Orden, die Besitz sowieso für verwerflich und Obdachlosigkeit ohnehin für den einzig wahren Lebensweg hielten. Teilweise waren diese aber auch so obskur, dass sie sich ohnehin dauerhaft auf der Flucht befanden.

Die Urchristen, so nennt man die Christen in den ersten hundert Jahren, waren zunächst wohl sowieso noch davon ausgegangen, dass sie nichts organisieren oder verwalten müssen, sie erwarteten das Ende der Welt in unmittelbarer Zukunft. Ein Gefühl, als wohne man in einem Haus, das demnächst abgerissen wird. Da muss man nichts mehr reparieren, da muss man auch nicht mehr renovieren – bald ist ohnehin alles Schutt und Asche.

Zum anderen erwarteten die ersten Gemeinden natürlich auch, dass sie aus dem bevorstehenden Jüngsten Gericht als Sieger hervorgehen würden. Insofern benötigte man zunächst auch keine Hierarchien. Gewinner waren ja alle. Ergebnis waren offenbar Zirkel, in denen tatsächlich Gleichberechtigung herrschte. Dabei war man von Idylle weit entfernt: Judas, der Verräter, gehörte zu den Jüngern. Und war beim Abendmahl. Und auch später gab es Verwerfungen, besonders, wenn Frauen das Wort ergriffen – in der Tat ein ungeheuerlicher Vorgang. Ähnlich wie heute in den Vorstandsetagen der Großunternehmen oder in der CSU.

Dabei war Mund-zu-Mund-Propaganda ein durchaus entscheidender Faktor: Christlicher Glaube verbreitete sich erstmal im Privaten, in der Familie, im Freundeskreis. Hier gründeten sich häusliche Kreise, Communitys. Frauen spielten hier eine wichtige Rolle. Und die Erlebnisse mit Jesus wurden zu Geschichten über ihn. Wer reiste, achtete darauf, auch in der Fremde möglichst bei Christen unterzukommen. Networking halt. Aber man tat das natürlich auch aus Sicherheitsgründen. Menschen, die auf Gleichberechtigung pochen, sind bis heute vielerorts keine gern gesehenen Gäste. Derartige Ansichten bergen nämlich die Gefahr, dass man nicht selber das größte Stück Torte bekommt.

Vom Hippie zum Bischof

Erst mit der Zeit wurde dann aber doch den meisten Christen klar: Das wird so nichts. Die Welt geht anscheinend doch nicht unter und der Herr kommt vielleicht doch so bald nicht wieder und wir müssen zusehen, dass nicht alles aus dem Ruder läuft auf dem entstandenen Kirchenschiff. Also hieß es: Schluss mit den flachen Hierarchien, wir brauchen eine Rangordnung. Man begann sich zu organisieren.

Strukturen sind ja immer bereits ein Zeichen von Bedeutungsverlust und Bewegungsarmut. Man darf und muss sich das doch immer wieder klarmachen: Die Kirche ist nichts Besonderes. Jede Bewegung organisiert sich irgendwann. Und wenn sie groß und mächtig genug geworden ist, wird sie institutionalisiert. Denken wir nur an die Arbeiterbewegung. Oder an den ADAC. Wobei sich dieser Riesen-Apparat immer noch für eine Bewegung halten dürfte, weil seine Mitglieder alle immer durch die Gegend fahren. Vermutlich überhöhen sie daher auch den Sinn ihrer Organisation, nicht umsonst nennt man ihre Mitarbeiter »gelbe Engel«. Die Metaphysik des

Automobilclubs relativiert sich allerdings, wenn man ihr Mitgliedermagazin namens »Motorwelt« studiert. Der Großteil der Anzeigen darin wirbt für Treppenlifte – was doch ein schlechtes Licht wirft auf die so hochgelobte Mobilität der Mitglieder.

Auch das muss man insofern weder dramatisieren, noch beschönigen: Christen sind keine besseren Menschen und die Kirche ist nicht das Paradies. Aber das behauptet sie auch nicht. Aussagekräftig ist dabei eine Formulierung im Glaubensbekenntnis, wie es in der evangelischen Kirche gesprochen wird: »Ich glaube die christliche Kirche« – genau, das muss man auch, denn sehen kann man sie nicht. Zumindest nicht als Gemeinschaft der Heiligen. Dazu geht nun wirklich zu viel schief. Und zwar dauerhaft. Teile dieser Erkenntnis finden sich auch in den Äußerungen des zweiten vatikanischen Konzils wieder. »An« die Kirche glauben kann man eben auch nicht. Sie ist nicht göttlich. Sie ist nur ein Vehikel, ein Instrument, ein Medium. Und zugleich das Netzwerk der Glaubenden – lange Zeit, bevor es Facebook gab, sammelten sich hier schon Menschen mit ähnlicher oder gleicher Überzeugung. Und der Kaiser hob den Daumen: »Gefällt mir«.

Wer soll das bezahlen?

Es gibt insofern keinen strukturellen Unterschied zu Anhängern von Raumschiff Enterprise (sogenannten »Trekkies«) oder solchen von Schalke 04 – abgesehen davon, dass die Rückkehr des Herrn und das Jüngste Gericht eine wesentlich höhere Wahrscheinlichkeit haben als deren Meisterschaft. Will sagen: Man sammelt sich, man organisiert sich, man tauscht Adressen aus, man sammelt Beiträge – und man unterstützt sich, wenn es eng wird.

Das Problem sind bei den Kirchen wie beim Profifußball: die Investoren. Man ist angewiesen auf externe Finanzierung, da man die eigenen aufgebauten Strukturen und den damit verbundenen Kostenapparat nicht mehr aus Bordmitteln bestreiten kann. Die Kirchen sind dabei in aller Regel nicht angewiesen auf die zweifelhaften Zuschüsse russischer Oligarchen oder von Provinzfürsten aus dem Kraichgau, sondern finanzieren sich nach wie vor überwiegend durch einkommensbezogene und somit gerecht ermittelte Beiträge. Allerdings gehen die Mitgliederzahlen zurück und die zu versteuernden Einnahmen der Mitglieder ebenfalls – insofern muss die Kirche vielfach bereits ihren Besitz veräußern oder über Stiftungsmodelle Partner suchen für bestimmte Projekte. Sich darüber hinaus seinerseits einfach als Dienstleister zu verdingen und damit Einnahmen zu generieren, fällt vielen Klerikalen allerdings schwer. Sie empfinden es als würdelos, am Nachmittag auf Kindergeburtstagen zu singen oder an ihrem freien Montag in der Geisterbahn des Vergnügungsparks Touristen zu erschrecken.

Der Mitgliedsbeitrag, die sogenannte Kirchensteuer, ist eine mehr als ambivalente Sache, die kein Mensch versteht, sie ist nahezu so kompliziert wie die Trinitätslehre. Einerseits ist deren Einziehung eine Dienstleistung, die der Staat für die Kirchen erbringt. Andererseits wird sie ihm auch entsprechend vergütet, weil dafür Gebühren in Höhe von mehreren Hundert Millionen Euro jährlich anfallen. Zum einen geht diese Steuer nicht auf kirchliche, sondern auf staatliche Initiative zurück. Zum anderen begründet sie sich aber wiederum gerade in der Trennung von Staat und Kirche.

Ursprung für den Gedanken an eine Kirchensteuer war im 19. Jahrhundert die Notwendigkeit, die Kirchen für Enteignungen durch den Staat zu entschädigen. Zudem gingen aber seinerzeit auch große Teile kirchlicher Aufgaben in staatliche Verantwortung über. In der Folge wurde dann das Steuermodell entwickelt, um daraus wiederum spezielle kirchliche Aufgaben direkt finanzieren zu können. Passenderweise war das Fürstentum Lippe-Detmold das erste, das diese Form der Besteuerung einführte, eine bis heute für ihren Geiz und ihre Schmallippigkeit bekannte Region.

Die Kirchensteuer halten immer mehr Menschen für einen überflüssigen Luxus und treten einfach aus. Was praktischerweise ja möglich ist. Die Leistungen der Amtskirche wollen sie aber oftmals dennoch in Anspruch nehmen – und können das in aller Regel ja auch. Niemand wird bekanntlich dazu gezwungen, den toten atheistischen Opa im eigenen Garten zu verscharren. Und wenn man eine buddhistische Frau heiraten möchte, muss diese in der Regel während ihrer eigenen Hochzeit nicht draußen vor der Kirchentür stehen bleiben.

Leider haben die klassischen Amtshandlungen für viele Menschen einen eher folkloristischen Charakter. An den großen Wendepunkten des Lebens (Taufe, Hochzeit, Beerdigung) möchte man den Segen eines Geistlichen. Den man natürlich meint, frei Haus bekommen zu können, schließlich liebt Gott ja alle Menschen umsonst. Dafür Gebühren zahlen zu sollen, erscheint vielen unverhältnismäßig. Lebenslang Mitgliedsbeiträge zu blechen, umso mehr.

Die Praxis, die Beiträge als »Steuern« zu deklarieren und durch den Staat einziehen zu lassen, hat sich für die Kirchen zunehmend als Ballast erwiesen, ähnlich den Rundfunkbeiträgen erhitzt diese Praxis immer wieder die Gemüter.

Ein sinnvolles alternatives Modell steht allerdings momentan nicht zur Verfügung. Weder möchte man das öffentlich-rechtliche Fernsehen auch noch von Familie Bertelsmann betreiben lassen, noch sollten Weihnachtsgottesdienste von Familie Albrecht / von der Leyen präsentiert werden, trotz ihrer engen Verbindung zur Firma Bahlsen und der damit verbundenen großen Nähe zu Keksen.

In unserem Nachbarland Frankreich gibt es keine Kirchensteuer. Hier finanziert sich auch die katholische Kirche durch Spenden – und kämpft seit Jahren mit finanziellen Sorgen. Viele alte Kirchen sind sanierungsbedürftig, Pfarrer verdienen oft weniger als den staatlich garantierten Mindestlohn. Dort sagen Eltern ihrem Nachwuchs: »Kind, lern was Vernünftiges – sonst endest Du wie der Pastor!«

Freikirchen finanzieren sich ausschließlich über freiwillige Spenden. Die fallen vielfach höher aus als die über die Steuer eingetriebene Beiträge. Im Idealfall muss der Geistliche dort im Gottesdienst trotzdem nicht den Namen des größten Gemeindesponsors erwähnen oder dessen Kinder beim Abendmahl bevorzugt behandeln.

Zurück in die Landesliga

Regionalere Strukturen, freiwillige Finanzierung – so wird vermutlich auch die Zukunft der großen sogenannten Volkskirchen hierzulande aussehen. Darin liegt auch eine Chance: Es besteht Hoffnung, angesichts verkrusteter Strukturen und geringer werdender finanzieller Möglichkeiten, dass Kirche in Zukunft mehr noch als bisher nur eine mehr oder weniger lose Verbindung der Gläubigen bilden wird, die sich lediglich ereignisorientiert in den sozialen Medien verabreden, kurzfristig, spontan, also quasi: eine Gemeinschaft der Eiligen.

Netzwerken heißt: Man geht zum christlichen Bäcker – sofern es einen gibt. Wenn nicht, muss man einen bekehren.

Wer einen Catering-Service für den 50. Geburtstag braucht, sucht nicht im Netz, sondern fragt in der Gemeinde. Lediglich wenn man evangelisch ist, sollte man tunlichst nicht in der eigenen Community akquirieren. Bei einem protestantischen Catering-Service gibt es nur Graubrot mit Käse und trockenen Blechkuchen. Aber dann geht man zur Not zur konfessionellen Konkurrenz: Ökumene halt. Dann gibt es auch Sahnetorte. Vielleicht werden aber auch dogmatische Unterschiede gar keine Rolle mehr spielen?!

Netzwerk heißt in jedem Falle, dass es keine festen Treff- oder Zeitpunkte mehr gibt. Man begegnet sich nur noch nach Bedarf und nach Verabredung. Je nach Wetterlage oder Stimmungsbild. Gottesdienste vielleicht nicht mehr am frühen Sonntagmorgen? Und nicht auf einer harten Holzbank? Geht!

Wenn Organisation und Institution wegfallen, oder zumindest säkularisiert werden, wird das Networking wieder von größerer Bedeutung sein. Dies wäre eine Rückbesinnung auf die Anfangszeiten: Christlicher Glaube verbreitet sich wieder primär im Privaten. Dort muss man Geschichten erzählen. Persönliches Statement im privaten Umfeld statt organisierter Predigt im institutionalisierten Raum.

Als das Christentum römische Staatsreligion wurde, waren nur ungefähr zehn Prozent der Bevölkerung überhaupt Christen. Es wird interessant sein, zu sehen, was passiert, wenn der Anteil eines Tages wieder auf derartig niedrigem Niveau landen sollte. Machtlose Minderheit – wir stehen wieder am Anfang.

Ausguck

»Pope Francis« hat auf Instagram 8,1 Millionen Abonnenten und postet Bilder von fröhlichen Nonnen und der Schweizergarde. Erste Erzbischöfe wie der Privatsekretär von Benedikt XVI. haben es schon aufs Titelblatt der *Vanity Fair* geschafft. Schlagzeile: »Padre Georg – es ist keine Sünde, schön zu sein.« Vielleicht könnte die Kirche aufgrund ihrer starken Marktposition durch mehr Personalisierung doch ihr Überleben sichern. Da muss aber dann deutlich mehr kommen! Wie man heute sagt: *Content, Content, Content!* Inhalte: Eigentlich eine christliche Kernkompetenz.

Wir müssen liefern – animierte Sonnenuntergänge mit Kalendersprüchen, Fotos vom eigenen Mittagessen, Tierbilder: Das können wir sowieso. Raus damit! Digitale Kommunikation heißt dauerhafte Aktivität. Senden, senden, senden. Und den Empfänger nicht von der kabellosen Leine lassen. Online aus der Kirche auszutreten, ist nach wie vor nicht möglich – hier nutzt man die eigene Rückständigkeit effektiv als Brandschutzmauer.

Wir können aber mehr als einseitig Inhalte senden – Netzwerken bei den Menschenfischern: Das geht! Ohne Eintritt, ohne Mitgliedsbeitrag, ohne Dokument und ohne Verwaltung: Vielleicht sind die sozialen Medien die neue Bubble, der Hauskreis im Netz, die Community. Kommen und gehen bei Bedarf oder nach Wunsch. Und nur online. Ohne Plätzchen und Tee, dafür aber auch ohne Aufräumen und Putzen! Menschen treffen Menschen – einfach so.

Gearbeitet wird projektorientiert. Und nicht in geschlossenen Zirkeln, sondern mit allen, die sich dafür interessieren oder eine Beziehung dazu haben. Und ja, auch Ungläubige können sich engagieren. *Why not?* Braucht es eine TÜV-Plakette für Christen? Weiß Gott nicht. Jedes freiwillige Engagement erhält zukünftig den Titel »Ehrenamt«.

Stellt Euch vor, es gibt keine Hierarchien mehr. Und niemand hätte mehr etwas zu verlieren, keine Gewohnheiten bestimmten unser Leben. Keine Rituale, keine Bräuche. Wenn die Kirche untergeht, werden bestimmt institutionelle Ämter, Behörden wegbrechen. Es werden Regeln außer Kraft gesetzt. Wir werden wieder miteinander kommunizieren müssen. Auf Augenhöhe. Das wird aufregend!

4

GOTTES KÜHLHAUS UNSERE KIRCHEN

Zur Kirche finden viele keinen Zugang – nicht nur, weil sie die meiste Zeit verschlossen ist. Sondern weil es für den normalen Menschen eine recht absurde Vorstellung ist, einem metaphysischen Wesen einen festen Wohnsitz zuzuordnen. Das einfache Volk hält Allmacht gewissermaßen für eine Einstellungsvoraussetzung – sonst dürfte Gott den Job ja gar nicht machen. Insofern erwartet es seine Gegenwart auch überall.

Der Klerus aber hat es scheinbar biblisch falsch verstanden, dass Jesus in Jerusalem »einzieht«. Deshalb erfand er die Umschreibung von Kirche als »Haus Gottes«. Dem liegt offenbar die unbewiesene Behauptung zugrunde, der Allmächtige wohne dort. Ja, mehr noch: Er wäre ohne menschliche Hilfe obdachlos. Wenn man ihm nicht geeignete Räumlichkeiten zur Verfügung stellte, wanderte er, wie sein Sohn, einfach durch die Gegend, womöglich ziellos.

»Da sei Gott vor!«, dachte sich die Geistlichkeit. Und begann zu bauen. Sich Gott, insbesondere den Vater, als unstet, flexibel, beweglich vorzustellen, überstieg wiederum ihren Horizont. Es brauchte eine Niederlassung. Beziehungsweise mehrere: Man brauchte viele Kirchen an vielen Orten, damit Gott dort überall gleichzeitig wohnen konnte. Warum er in Wald und Kneipe nicht präsent sein kann oder sich dort scheinbar nicht zu Hause fühlt, vermochte die Geistlichkeit bis heute nicht zu erklären. Dabei ist es draußen oft schöner: Allein der Sonnenschein – was ist im Vergleich dazu der triste graue Anblick eines steinernen Gemäuers, gepaart mit der knochenknirschenden Kühle und Luftfeuchtigkeit eines Folterkellers? Bayerischen Katholiken gelingt es, wenigstens beides zu vereinen, indem sie es in eine zeitliche Reihenfolge bringen: erst Messe, dann Biergarten.

Dass Gott ein eigenes Haus braucht bzw. sogar mehrere, in denen er gleichzeitig sein kann, hat er selbst übrigens nie gefordert. Er ist kein Protz, wie etwa der russische Milliardär Abramowitsch, der allmorgendlich für den Weg zu dem, was er »Arbeit« nennt, die Wahl haben möchte zwischen Dutzenden von Luxuskarossen. Gott hätte vermutlich eine Wohnung auch gereicht. Oder eine WG, er ist ja zu dritt. Vielleicht wäre ihm sogar nur eine Pritsche gut genug gewesen, falls einer von den Dreien mal ’ne Pause machen will. Gewissermaßen Power Napping.

Vielleicht haben die Berufsgläubigen zu viel Angst vor Gott. Sie wollen immer wissen, wo der ist. Und nachsehen können, ob das Licht noch an ist, bevor sie selber durchbrennen. Vermutlich mögen Geistliche einfach den Gedanken, sie wüssten, wo Gott wohnt. Quasi: Hausarrest. Dann kann man als Pfarrer nämlich sogar selber das Licht löschen, hinter sich abschließen, in die Kneipe gehen und sich dort in Ruhe einen auf die Lampe gießen.

Inhaber dieser Immobilien ist konsequenterweise die Kirche, und nicht Gott selbst. Vielmehr zahlen wir als Besucher qua Kirchensteuer sozusagen seine Miete. Er aber verfügt selbst über sämtliche Nutzungsrechte. Nur werden da nie Partys gefeiert. Tanz wird ganz und gar ungern gesehen. Gott grillt auch nicht. Das macht sein diabolischer Gegenspieler. Der hat allerdings keine eigenen Häuser. Es sei denn, man hält Bankfilialen für Teufelswerk. Wofür allerhand spricht.

Kirchen bildeten zumeist über Jahrhunderte hinweg den Mittelpunkt des Ortes. Um sie herum ereignete sich das gesellschaftliche Leben. Und tut es teilweise noch – in den abgelegenen Gegenden des Bayerischen Waldes oder im Hunsrück, wo es noch kein Internet gibt. Teilweise gelten aber auch in diesen Regionen inzwischen sogar Bushäuschen oder Tankstellen als deutlich attraktiverer Treffpunkt. Es sei denn, die Kirche bietet offenes WLAN, dann wird die Gemeinde einen unverhofften Ansturm von Jugendlichen erleben dürfen. Bis der Server zusammenbricht.

Sicht und Weite: Der Stand-Punkt

Häufiges Kennzeichen von Kirchenbauten ist der Turm – auch zumeist als erstes bereits aus der Ferne zu sehen. Dessen Sinn ist fraglich, wird doch biblisch stets vor zu steiler, babylonischer Baukunst gewarnt und dergleichen als Ausdruck menschlichen Hochmuts gebrandmarkt. Warum trotzdem?

Wollte man mit einem Turmbau ursprünglich vielleicht nur ganz banal einen weithin sichtbaren Orientierungspunkt für Reisende anbieten? Quasi: Leucht-Turm? Oder war es denn doch der klassische Phallus, aufs Schönste illustriert durch die darauf abgestimmten Glocken? Oder fühlte sich die Geistlichkeit immer und überall angegriffen und meinte, man bräuchte einen Wachturm – handelte es sich also um eine Art Ausguck auf dem Kirchenschiff? Oder wollte man mit der massiven Bauweise und der exaltierten Spitze einfach nur Macht ausstrahlen und der religiösen Konkurrenz zeigen: »Wir sind schon da! Versucht es woanders!!«?

Angeblich wollte man durch das Geläut aus großer Höhe nur möglichst laute und weit strahlende Signale senden können, um die Gläubigen zum Gebet zu rufen. Vermutlich aber war Missgunst der wahre Beweggrund: Man bezweckte, mittels Glocken schlicht die Nachtruhe der Ungläubigen zu stören. Die sollten eben auch früh zu Bett gehen und nichts Unmoralisches tun. Der Kontrast am Sonntagmorgen zwischen den braven, ausgeschlafenen und daher frühaktiven Christen auf dem Weg zum Gottesdienst und den gegen ihren Willen geweckten nachtaktiven Heiden mit dem Restalkohol im Blut war und ist gewollt.

Schlafentzug ist nicht umsonst eine Foltermethode. Immer wenn man gerade wegnickt, ertönt ein Signal und man schreckt wieder hoch. In der Folge spielen der Kreislauf und das Nervensystem verrückt. Das kennt man aus Guantanamo. Beziehungsweise von der Säuglingsstation. Und auch die Anwohner von häufig besonders malerischen Kirchplätzen wissen ein Lied davon zu singen, würden dies allerdings aus Rücksicht auf Dritte nie tun. Wie egozentrisch tritt dagegen die religiöse Macht auf: Alle fünfzehn Minuten wird geläutet, dann sowieso ausführlich zu jeder vollen Stunde, noch mal zur Messe, auch noch mal während derselben, zum Vaterunser… ja, und dann auch noch mal, wenn dem Küster danach ist. Oder wenn der Wind aus Norden kommt.

Die Zeiten, in denen Menschen zur räumlichen oder zeitlichen Orientierung Kirchen brauchten, sind lange vorbei. Insbesondere durch die vollständige Digitalisierung kann inzwischen jeder sich schnell vergewissern, wo er sich befindet und wie spät es dort ist: Ein Blick aufs Handy reicht. Die akustischen Signale der Kirchenglocken erfolgen zudem auch nie dann, wenn man sich wirklich trotzdem einmal nach der Uhrzeit fragen sollte, sondern nach deren eigenem Rhythmus. Deshalb muss man dann womöglich eine Viertelstunde warten, bis man Antwort bekommt. Und darf dann noch grübeln, wie viele Schläge mit welcher Glocke das jetzt waren. Das ist oftmals auch keine Uhrzeitangabe, sondern ein Rätselspiel. Morsesignale sind meist leichter zu entziffern.

Gehst Du zur Kirche, vergiss Schal und Handschuhe nicht

Zu Füßen des Turmes liegt stets das eigentliche »Haus«, in dem sich der religiöse Akt ereignet und die Gemeinde versammelt, wenn auch meist nur sonntags zum Gottesdienst. Dies hat den Vorteil, dass man dort unter der Woche Heizkosten sparen und die Gotteshäuser auf Minusgrade herunterkühlen kann. In manchen Regionen wird daher der Kirchenraum an Werktagen auch als Lagerraum für Fisch und Fleisch genutzt (insbesondere in den Kreisen Gütersloh und Cloppenburg). Kein Witz.

Unvergessen bleibt meinem Freund und Kollegen Kerim Pamuk und mir der gemeinsame Auftritt in Nordhessen. Wir spielten dort im September 2019 unser interreligiöses Kabarett-Programm »Brüder im Geiste«. Und durften beobachten, wie unser (dankenswerterweise zahlreiches) Publikum vor der Vorstellung in T-Shirt und mit Sonnenbrille auf dem Kirchplatz die Wärme genoss – und, als es für die Veranstaltung die Kirche betrat, die Winterjacken und die Wolldecken auspackte. Wie uns hinterher seitens des veranstaltenden Pfarrers mitgeteilt wurde, lässt sich die Kirche prinzipiell nicht über 16 Grad beheizen. Gut, wer das vorher weiß. Mein osmanischer Bruder Kerim in seinem fliederfarbenen Oberhemd erstarrte neben mir zusehends zur Salzsäule. Und das wohlgemerkt, ohne sich umgedreht zu haben.

Der Grund für die inzwischen weitestgehend sehr reduzierte Nutzung der Kirchen liegt darin, dass sie in den letzten Jahrzehnten oftmals ergänzt wurden durch den Bau separater Gemeindehäuser – Ausdruck des kirchlichen Wohlstands, allerdings dem der 60er und 70er-Jahre. Leider befinden sie sich zumeist noch in diesem Originalzustand und bringen daher aktuell eher den Geldmangel der Gegenwart zum Ausdruck. Der Investitionsstau ist nur mit dem der Deutschen Bahn zu vergleichen.

Die meisten Gemeindehäuser haben daher eher musealen Charakter. Man kann sie mit seinen Kindern besuchen und sagen: »Guckt mal, so haben meine Eltern gelebt!« In der Küche der Geruch von Jahrzehnte altem Filterkaffee, ausgeschenkt aus 20-Liter-Thermosbottichen, im Schrank Papierservietten aus der Zeit der Bauernkriege und Kondensmilch unklarer Herkunft in Konserven ohne Verfallsdatum, Teegeschirr in der damaligen Modefarbe Orange. Im Saal Riesentische und dazugehörige Sitzmöbel, letztere meist mit dunkelbraunem Cord bezogen, knarzende Bodendielen, große Leuchtkugeln hängen mit zerfaserten Kordeln absturzgefährdet von der Decke und verbreiten dieses spezielle, samtene, christliche Licht in der augenverträglichen Farbe »beige«. Der Sanitärbereich wiederum ist meist komplett in dunkelgrün gefliest – ja, das waren Zeiten.

Es gab und gibt oft aber auch noch weitere Nebengebäude. Wie z. B. das Pfarrhaus, in dem der Klerus wohnt, seelsorgerische Einzelgespräche führt, seine ansehnliche Whisky- oder

Schmetterlings-Sammlung katalogisiert oder, im katholischen Falle, auch noch die Haushälterin schikaniert. Bei evangelischen Pfarrern kamen meist noch mehrere Anbauten hinzu für die zahlreichen Kinder. Außerdem gibt es oft noch eine separate Wohnung für den Küster, gewissermaßen den Gottes-Haus-Meister. Zumeist männlichen Geschlechts, handwerklich geschickt und mit einem allmächtigen Schlüsselbund ausgestattet. Ferner gibt es in der Regel eine Verwaltung, die die Immobilien und die Dienstleistungen ordnet und die Finanzierung überwacht. Außerdem oftmals noch Ländereien, durch deren Bewirtschaftung man sich glaubte unabhängig machen zu können von den Wucherpreisen, mit denen die einfachen Landwirte meinten, die vergeistigten gutgläubigen Christenmenschen beim Obstkauf über den Tisch ziehen zu können. Dergleichen Unsitte gibt es heute zum Glück nur noch im Münsterland.

Wir pflügen und wir streuen: Der Gottesacker

Zur Umgebung der Kirchen gehörte natürlich traditionell auch der Friedhof, auch Gottesgarten genannt. Ein ziemlich euphemistischer Ausdruck, kommen verblühte Menschen doch in aller Regel im nächsten Frühjahr nicht wieder. Den Friedhof musste man zumeist durchqueren, wenn man zur Kirche wollte. Dadurch wurde man vor jedem Gottesdienst bereits in eine ausgelassene, fröhliche Grundstimmung versetzt: der Anblick der Ausweglosigkeit – sterben müssen wir alle. Und gleichzeitig will es keiner.

Es ist sicherlich eine gute Voraussetzung, wenn man, bevor man eine Ware oder eine Dienstleistung anbietet, dem potenziellen Kunden derart plastisch vorführen kann, was ihm bevorsteht, wenn er nicht kauft. In diesem Falle droht ihm schlicht die Verwesung. Jeder Grabstein ist ein Mahnmal: »Hier könnte auch Dein Name stehen!«.

Erst im Laufe der Zeit und mit der Säkularisierung kam es in Mode, den Friedhof auszulagern und den eigentlichen Kirchhof separat zu nutzen. Meist befanden sich Kirchen ja in bester Innenstadtlage – damit war es finanziell natürlich sinnlos, die Fläche nur zur Lagerung von Toten zu nutzen, statt sie zu bebauen oder verkaufen. Also, die Fläche, nicht die Toten.

Nun liegen die Friedhöfe oft am Stadtrand und können nahezu unbegrenzt wachsen. Angesichts der in den letzten Jahren von den Medien prognostizierten Mortalität (»Deutschland stirbt aus!«, »Deutschland überaltert«, »Die deutsche Alterspyramide steht kopf!«) wurden allerdings nun oftmals viel zu große Flächen erschlossen und es liegen jetzt demzufolge viele Grabstellen brach. Auch aus diesem Grunde kann man nur an alle appellieren, doch bitte schneller zu sterben und damit die statistischen Berechnungen des Amtes für Bevölkerungsentwicklung zu bewahrheiten.

Mancherorts haben diese Friedhöfe nun durch ihre Lage und ihre Größe aber geradezu ein Eigenleben entwickelt und wurden oft sogar mit einer eigenen Kapelle ausgestattet. Diese wird auch unter der Woche für Trauerfeiern gebraucht und hat deshalb wenigstens manchmal sogar Temperaturen im zweistelligen Plus-Bereich. Dies hängt aber wiederum ab von der Auslastung: Schließlich kann eine in der tiefgefrorenen Kapelle bei einer Trauerfeier zugezogene Lungenentzündung auch zu einer weiteren Beerdigung und damit zum von der Friedhofsverwaltung gewünschten Ergebnis führen und letztlich zum Erhalt der gesamten Gemeinde beitragen.

Diese Kapellen sind in der Regel schlicht und funktional, haben aber im Gegensatz zu den meisten Kirchen oft fortschrittliche Technologie an Bord. So verfügen manche von diesen, meist in Ballungsräumen mit hohem Termindruck, über elektrische Orgeln. Da die Kirchenmusik unter großen Nachwuchssorgen leidet und oftmals kein menschliches Personal verfügbar ist, kommt die Musik dort per Knopfdruck. Dies muss aber so nicht bleiben: Kapellen-Musiker könnte mittelfristig eine berufliche Alternative sein für die zahllosen durch die Corona-Pandemie arbeitslos gewordenen DJs, Alleinunterhalter und Partymusiker. Dann können wir uns freuen auf Trauerfeiern mit Hits wie »Lebt denn der alte Holzmichel noch?« oder »Hölle, Hölle, Hölle, Hölle!«.

Ebenfalls beeindruckend sind die elektronischen Schaltanlagen in diesen modernen Kapellen, die den Sarg vollautomatisch herein- und wieder herausfahren. Befürchtungen, es käme durch diese Automatisierung wie bei der Deutschen Post zu Fehlsortierung und daher zu verspäteten oder gar falschen Zustellungen, stellten sich als unbegründet heraus. Es sind keine Fälle bekannt, in denen Trauerfeiern abgebrochen werden mussten, weil man sich um den falschen Sarg versammelt hatte. Aktuell aber befindet sich Amazon in Verhandlungen mit den beiden großen Kirchen, um diese zum Outsourcen der Sarglogistik zu bewegen. Der internationale Multi will diesen Service von eigenen Subunternehmern deutlich günstiger durchführen lassen. Unter dem Namen »amazonGO«. Dadurch stiege allerdings das Risiko von Fehl-Lieferungen oder Verspätungen und damit auch die von Sarg-Retouren. Eine sehr unerfreuliche Perspektive.

Schepper, piep und pfeif – vom Ende der Akustik

Traditionelle Kirchen sind, im Gegensatz zu den deutlich später erbauten Friedhofs-Kapellen, zumeist technisch nicht sonderlich gut ausgestattet. Dort hängen oftmals uralte Funzeln aus der Zeit der Bauernkriege von der Decke und die Qualität der Tonanlage entspricht in der Regel dem Standard einer Schneider-Kompaktanlage von 1848. Akustischer Gesang oder Musik ohne Verstärkung sind meist ein Genuss, da der Raumklang in der Regel ausgezeichnet ist und der Schall auch den letzten Winkel erreicht – wenn auch teilweise mit deutlicher Verspätung. So hören beispielsweise im Petersdom die Gäste in den hinteren Reihen die letzten Akkorde des Chorals erst, nachdem die Sänger den Altarraum schon längst verlassen haben.

Wenn allerdings elektronisch übertragen wird, ist Holland in Not. Es scheppert und fiept, dass es eine Freude ist. Hunde leiden wie die Tiere. Hinzu kommen meist unsachgemäß installierte Hörgeräte –Induktionsschleifen, die regelmäßig Rückkoppelungen einstreuen. Ganz abgesehen davon, dass auf den in Kirchen seit den Siebzigerjahren genutzten Funkfrequenzen schon seit Langem auch der Polizeifunk sendet und Radio Brocken. Diese sind allerdings meist besser zu verstehen als der Pfarrer. Das nennt sich wohl Kundenbindung: So erfährt der ältere Herr in Reihe acht schon während des Gottesdienstes, ob er auf dem Weg zum nachmittäglichen Kaffeetrinken bei der in Göttingen studierenden Tochter mit einem Stau rechnen muss oder nicht.

Ursächlich für diese Probleme ist natürlich die überalternde Gemeinde, die bereits vor Jahrzehnten durch die Anschaffung von Hörgeräten einseitig technisch aufgerüstet und damit ihre Kirche unter Druck gesetzt hat. Deutlich sinnvoller wäre es gewesen, auf die oft unverständlichen, und gelegentlich sogar umstrittenen, gesprochenen Inhalte des Gottesdienstes zu verzichten und einfach über die schönen Fensterbilder zu meditieren. Es sei denn, das Augenlicht hat auch schon nachgelassen.

Gruften und Gruftis – von Ecken und Kanten

Kirchen waren und sind teilweise baulich noch deutlich komplexer, als es der normale Weihnachtsgottesdienstbesucher ahnt, sie haben wesentlich mehr Nutzraum, als man vermuten sollte. Toiletten gehören allerdings nicht dazu. Die körperliche Notdurft muss man zu Hause erledigen – oder eben mit dem Druck leben. Dieses Schicksal teilt die Gemeinde mit dem Klerus.

Man unterscheidet zwischen Sakristei, Altarraum und Kirchenschiff. Teilweise verfügen Kirchen auch noch über Gruften oder Seitenschiffe, kleinere Kapellen in den Seitengängen oder Emporen, auf denen oft auch die Orgel platziert ist. Große Freude machen auch immer Gotteshäuser, in denen es nicht nur altes Chorgestühl gibt, sondern auch separate Bänke oder Logen für den Adel. Diese saßen meist erhöht und quer zum Rest der Gemeinde – vermutlich, um die einfachen Leute im Auge behalten und gelegentlich strafende Blicke durch den Raum senden zu können. Bzw. um ihrerseits vom Volk besser gesehen und bewundert werden zu können ob ihrer vermeintlichen Hingabe.

In Gruften lagen und liegen die Reste zumeist exponierter Berühmtheiten aus der Vergangenheit, die nicht dem im wahrsten Sinne des Wortes »irdischen« Verwesungsprozess ausgesetzt werden sollten. Sie sollten vielmehr in ihrer Wirkung für die Nachwelt erhalten bleiben. Teilweise wurden ihren Sarkophagen oder steinernen Särgen noch magische Kräfte nachgesagt. Angeblich bluten sie noch oder sondern Wasser ab mit heilenden Kräften. Wärme ging aber auch von ihnen nicht aus – was oftmals hilfreich gewesen wäre.

In den Seitenkapellen finden sich oft kleinere Konkurrenzfilialen, die wahlweise einzelnen Provinzheiligen oder besonderen Stiftern geweiht wurden, teilweise auch sonderbaren, inklusive deren Reliquien. So kann man die Finger- und Fußnägel der Thüringer Landgräfin Elisabeth anbeten, wenn man sich für Podologie interessiert, oder sich als Glatzkopf Hilfe suchend wenden an ein Gefäß mit Haaren von Papst Johannes Paul II.

Ein einfaches Kruzifix oder ein Bildnis der Madonna auf dem Hauptaltar war und ist scheinbar manchen nicht ausreichend, teilweise scheinen sogar exorbitante Gemälde manche Gläubige nicht zufriedengestellt zu haben, auf denen Gott selbst, seine Mutter, sein Sohn, die Jünger und sämtliche amtlichen Heiligen abgebildet waren. Daher baute man noch eigene Anbetungsräume, um irgendwelche Spezialisten um ihre gesonderte Unterstützung zu bitten, für die Jagd, auf der Balz oder auf See. Die heilige Dreifaltigkeit scheint hier als nicht ausreichend mächtig empfunden worden zu sein. Oder man hielt sein Anliegen für eine Bagatelle, mit denen man die höchsten Instanzen nicht behelligen wollte, und orientierte sich dann lieber an den niederen Dienstgraden.

Die spaßbefreiten Protestanten dagegen haben überhaupt keine Heiligen. Denen bleibt nichts übrig, als sich für ihre niederen Bedürfnisse zu schämen. Das schlechte Gewissen ist aber eine ihrer Kernkompetenzen. Nur gibt es dafür keine speziellen Kapellen.

Das eigentliche Zentrum jeder Kirche ist die Sakristei. Damit die Klerikalen später Wasser zu Wein und Brot zu Leib verwandeln können, unterziehen sie sich dort erst mal selbst einer Metamorphose: zum Beispiel vom cholerischen Säufer zum sanftmütigen Hirten der Herde. Indem sie sich einen Talar überstreifen, werden aus Menschen Amtsträger – das kennen wir auch aus der Justiz.

Die Sakristei ist der einzige kirchliche Raum, der dauerhaft beheizt wird. Mit den Amtsträgern befindet sich darin eben das Wertvollste, das die Kirche zu bieten hat. Zumindest laut deren eigener Meinung.

Warum Kirchen häufig kühl und feucht sind? Weil Menschen keine Rolle spielen. Von wirklicher Bedeutung ist die historische Orgel. Oder der Wandteppich aus dem 14. Jahrhundert.

Diese Besitztümer, Erinnerungsstücke oder Andenken sind der Faktor, nach dem landauf, landab die Raumtemperatur bemessen wird. Wenn es keine Kirchen mehr gibt, wandern diese Gegenstände und Instrumente alle ins Museum. Wir aber können uns dann endlich mal dort treffen, wo es warm ist: Am besten gleich in der Sonne.

Ausguck

Wir können uns beruhigen – die Kirchengebäude werden so schnell nicht verschwinden. Sie bilden oftmals das Ortszentrum. Und stellen zumindest baulich eine Attraktion dar, womöglich gar eine Sehenswürdigkeit.

Die Betonsünden der 60er- und 70er-Jahre sind ästhetisch teilweise durchaus verzichtbar – aber wer würde beispielsweise den Kölner Dom abreißen? Und direkt unter der Domplatte eine Tiefgarage bauen? O.K., schlechtes Beispiel.

Nicht alle Kirchen sind schön oder von historischem Wert. Man kann nicht für alle Eintritt nehmen oder alle abschließen und leer stehen lassen. Was wir daher brauchen, ist Pragmatismus. Wir sollten Abstand nehmen vom Gedanken, Gott hätte oder bräuchte ein eigenes Haus. Kirchen sind Gebäude, die man nutzen kann. Für vieles. Vielleicht können wir sie vermieten? Und mit den Einnahmen andere gemeindliche Zwecke finanzieren, wie soziale Dienste?

Oder wir nutzen sie für Zwecke, die gesellschaftlich immer weniger im Mittelpunkt zu stehen scheinen oder schwer finanzierbar sind: Bildung und Kultur. Wie wäre es, wenn in Kirchen zukünftig Gottesdienste stattfinden – aber auch noch mehr Konzerte, Lesungen, Vorträge, Theateraufführungen?

Kein Raum wird entweiht, selbst, wenn darin »Hells Bells« gesungen würde. Oder »Bella Ciao«. Keine Kirche wird wertlos, wenn man in ihr bequem sitzen kann. Oder ein Glas Wein trinken. Man dürfte sogar dienstagsabends darin essen, ohne dass der sonntägliche Segen ungültig würde. Allerdings bräuchten wir dann vielleicht Kissen. Und jemand müsste die Heizung anstellen.

In den letzten Jahren wurde öfters über das »Kirchenasyl« diskutiert. Vielleicht ist dies unsere wichtigste Aufgabe für die Zukunft: Einen Raum zur Verfügung zu stellen, in dem der Mensch noch Mensch sein darf. Weil es den sonst nirgendwo mehr gibt.

5

KONFESSIONEN UND KONFETTI

Eines der größten Probleme der Kirche ist die Dauer ihrer Existenz. Will sagen: Nach fast zweitausend Jahren ist ihr zersplittertes und brüchiges Gesamtbild kein Ausdruck von geistiger Umnachtung, moralischer Inkontinenz oder intellektueller Schieflage, sondern eine Kombination aus allem. Altersdemenz, Vergesslichkeit und Verdrängung, leichtes Zittern, Probleme mit der Beweglichkeit, Gicht, innere Blockaden, das sind einfach Alterserscheinungen. Und total normal. Diese Symptome sind aber nicht nur das Schicksal jedes Menschen, sondern auch jeder erfolgreichen Bewegung: Diese gleicht zu Beginn einem Vulkanausbruch. Sie staut sich auf, sie wächst, dann explodiert sie, reißt alles mit sich, in großer Hitze und unter höchstem Druck, wird größer und größer –, bis sie erstarrt, alles unter sich begräbt, demzufolge schwarz wird und letztlich zersplittert.

Dies wird deutlich, wenn man den Zustand der Kirche zum Beispiel vergleicht mit dem der SPD. Diese gibt es erst seit gut hundert Jahren, sie befindet sich aber in einem deutlich fortgeschritteneren Stadium der Erosion: Spaltung, Mitgliederschwund, innere Widersprüche, Misstrauen, Postengeschacher, Flügelkämpfe und Richtungsstreitigkeiten.

Im Falle der Sozialdemokratie ist die Glaubwürdigkeitsdebatte allerdings durch die Zustimmung zu den Reichskriegsgesetzen bereits zeitnah nach der Gründung der Partei beendet worden. Und zwar gründlich. Wurde aber dennoch für die Vergesslichen in historisch relevanten Zeitsprüngen (eine Generation, quasi: alle 25 Jahre) immer wieder bekräftigt. Die Kirche hat im Vergleich dazu lange durchgehalten. Im Zweifel entzieht sie sich einer Rechtfertigung aber immer auch sehr geschickt, indem sie das Totschlagargument »Erlösung« anführt, wenn sie unter Druck gerät.

Keine Engel, trotzdem Flügel

Ähnlich wie in der sogenannten Parteienlandschaft bildeten sich aber auch in der Kirche über die Jahrhunderte immer mehr unterschiedliche Konfessionen heraus, spalteten sich Gruppen ab, von den Rändern oder aus dem Zentrum, es gründeten sich neue, wieder andere vereinigten sich mit anderen Zellen, kurz: Es entstand ein bis heute undurchschaubares Konstrukt, eine Vielzahl an unterschiedlichen Glaubensformen, die größtenteils unter dem Siegel »Die Kirche« firmieren. Zumindest von außen betrachtet.

Man darf das durchaus als Prozess der Spezialisierung werten: Ursprünglich gab es Kakao. Dann gab es Schokolade. Diese differenzierte sich dann aus zu heller und dunkler, bis es Tafeln mit Zartbitter- und andere mit Vollmilchschokolade gab. Dann fügte der eine Hersteller noch Rosinen hinzu, der andere Nüsse, der dritte Cerealien, ein vierter wiederum Sahne – man kann das endlos fortsetzen. Bis hin zu exotischen

Spezialitäten und echten Grausamkeiten wie Schokolade mit Chili oder Leberwurst. In jedem Fall stehen wir jetzt nach Jahrhunderten der Entwicklung vor einem riesigen Laden voller unterschiedlichster Tafeln. Es war ein Prozess – und damit ist keine Gerichtsverhandlung gemeint. Obwohl Schuld und Sühne eine große Rolle gespielt haben, genau wie Anklage und Strafe. Apropos: Mit »Tafeln« meinte ich übrigens nicht die Zehn Gebote.

Von Konfessionen und Monopolismus

Die Kirche war für uns Europäer jahrhundertelang überwiegend die römisch-katholische, wie sie in der monatlichen Gehaltsabrechnung die Bezeichnung »rk« beschreibt. »Katholisch« bedeutet dabei eigentlich nur »allumfassend«. Bescheidenheit ist wahrlich keine Tugend dieser Konfession. Wieso auch? Als Monopolistin war sie zunächst in unserem Kulturkreis doch konkurrenzlos. Dennoch gab es natürlich von vorneherein auch immer Splittergruppen. Ein Begriff, der sehr gut geeignet ist, um den Vorgang zu beschreiben: Die Kirche ist gewissermaßen der Baumstamm, der durch das Wildwasser der Geschichte pflügt. Und links und rechts, na ja: Wo gehobelt wird, fallen Späne. Kennzeichen dieser Randgruppen war immer, dass sie zumeist nur Teile von Jesu Botschaft gehört oder für wichtig erachtet oder überhaupt verstanden hatten. Dann riefen sie zum Beispiel immer unmittelbar das Reich Gottes aus und sich selbst zu dessen Statthaltern. Oder sahen das Ende der Welt gekommen und forderten daher alle Menschen zur Umkehr auf. Was prinzipiell ja nicht verkehrt ist.

Über all die Zeit wurde die Kirche immer begleitet von solchen religiösen Aufrührern und frömmelnden Mystikerinnen und Mystikern. Deren Botschaften konnten sich eigentlich nie durchsetzen, aber sie taten auch in der Regel niemandem weh. Weshalb sie bis heute oft nicht integriert, aber durchaus geduldet werden – ähnlich dem Möwenschwarm, der ein Kreuzfahrtschiff umkreist. Diese knarzenden Flugschmarotzer darf man nicht füttern, sonst werden sie zur Plage. Durch ihre treue Begleitung aber vermitteln sie doch auch ein Gefühl von Weite und Vertrauen. Und man will sie nicht missen. Sie gehören zur Seefahrt, genau wie zur Kirche die Anhänger des Bischofs Ernesto Cardenal oder Franziskaner. Und damit meine ich nicht das sogenannte »Bier«, sondern die Mönche, die es erfunden haben.

Schon in den ersten Jahrhunderten nach Christus war – wie auch in Deutschland in letzter Zeit – der Osten sehr störrisch und entwickelte ein Eigenleben. In den dortigen Gebieten des römischen Reichs siedelte sich nämlich die Orthodoxie an. Und behauptete, zuerst gewesen zu sein. Als Erste. Behaupteten sie das. Weil die Heimat Jesu ja nun auch irgendwie im Osten läge. Sogar im Nahen. Was Bethlehem wiederum definitiv von Bautzen unterscheidet. Denn das liegt uns fern. Lediglich das Gefühl, immer nur belogen und betrogen worden zu sein, scheint diese Regionen aber miteinander zu verbinden.

Orthodoxie bedeutet »richtige Lehre«. Damit wird schon deutlich, dass es sich hier um eine sehr entspannte, liberale, lebensbejahende Konfession handelt. Diese Kirchen des Ostens haben sich, vermutlich aufgrund ihrer Toleranz, immer weiter zerstritten, man unterscheidet daher je nach Zeit und Ort syrisch-, griechisch-, russisch-, bulgarisch- und klassisch-orthodox. Es gibt auch noch weitere Untergruppen, nämlich »ohne Zwiebeln«, »mit scharf« oder »zum hier«. Orthodoxe selbst beschreiben den Zustand ihrer Konfession allerdings nicht als

Zersplitterung, sondern als Autonomie und Souveränität. In ihrer Wahrnehmung sind vielmehr alle westlichen Kirchen die eigentlichen Spalter der christlichen Einheit.

Auch die römisch-katholische Kirche gilt lustigerweise dort als eine Art Protestantismus. Diese Überzeugung wird seitens der Orthodoxie allerdings nie vorgetragen im Brustton eitler Überzeugung oder mit vorwurfsvollem Unterton. Man ist dort vielmehr milde und gestattet allen anderen abtrünnigen Kirchen großzügig, jederzeit in den Schoß des Ostens zurückzukehren. Mich erinnert diese Haltung an meine Mutter, die auch immer sagte, sie würde nicht mit mir schimpfen, egal, was ich auch angestellt hätte, ich solle einfach nur ehrlich zugeben, was ich getan hätte. Und bereuen, natürlich. Was auch immer es war. Und das stimmte auch: Geschimpft hat sie dann nicht. Sondern mich an meinen Vater ausgeliefert, der traditionell für die Bestrafung zuständig war. Und das war es dann mit dem Fernsehabend. »Ab ins Bett« – in einem evangelischen Haushalt ist das immer eine Strafe und nie ein Grund zur Freude.

Zu einem katholischen Bußgang nach Byzanz wird es aber vermutlich in der Geschichte nicht mehr kommen. Denn die orthodoxen Kirchen sind zwar durchaus vielfach beeindruckend, ihr Auftreten und Wirken ist oft liturgisch spannender, vielleicht gar insgesamt mystischer und dadurch reizvoll. Aber sie werden für ewig nur die Nummer zwei bleiben, hinter dem in ihren Augen stinkreichen Emporkömmling: den Römern. Gewissermaßen ist die Orthodoxie das Borussia Dortmund unter den Konfessionen.

Marktführer aber ist und bleibt die römisch-katholische Kirche. In anderen Worten: Bayern München. Nicht nur, was die Mitgliederzahlen angeht, sondern auch bei den zahllosen Verstrickungen und Verfehlungen und Verbrechen. Von

Missbrauch über Schmuggel und Steuerhinterziehung bis hin zu Brandstiftung ist bei beiden Vereinen nun wirklich alles dabei. Schuldbewusstsein oder Scham findet man aber bei ihnen eher selten, vielmehr sind sie ausgestattet mit großer Platzhirsch-Mentalität und absolutem Siegeswillen. Das Motto lautet »Mia san mia« beziehungsweise »Urbi et orbi«. Im internationalen Vergleich gibt es natürlich durchaus mal die eine oder andere Niederlage gegen eine andere Mannschaft oder Konfession, aber das wird stets nur als Ausrutscher wahrgenommen oder eben als der viel zitierte Einzelfall. Und dann wird umso härter und verbissener geglaubt und man hält sich an den kleinen Gegnern schadlos.

Man muss das anerkennen: Der Apparat der Römisch-katholischen Kirche war und ist vielfach hervorragend organisiert. Streng hierarchisch, intransparent und maskulin. Dadurch kommen, anders als zum Beispiel bei der inzwischen völlig aufgeweichten Bundeswehr, oftmals die Qualitäten eines wahren Männerbundes zum Tragen: Unterwürfigkeit, Doppelmoral, Standesdünkel, Homophobie und Frauenfeindlichkeit. Das ist beachtlich und angesichts der geistesgeschichtlichen Entwicklungen auf unserem Planeten von bemerkenswerter Renitenz. Abgesehen von Nordkorea und Belarus ist der Vatikan, der römisch-katholische Stadtstaat, die letzte Bastion gegen Gleichberechtigung und andere Verlotterungen der Demokratie. Auch ich als preußisch geprägter Protestant muss zugeben, dass mich diese Ignoranz beeindruckt und ich durchaus manches Mal sogar neidisch bin auf die Möglichkeiten, die sie bietet. Zum Beispiel, wenn ich an die goldene Wanne von Limburg denke und die dadurch seinerzeit zur Schau gestellte, sprichwörtliche römische Dekadenz eines Bischofs. Chapeau!

Die Schlacht um Wort und Bild

Die römisch-katholische Kirche hat enorm viel erreicht. Gerade aus künstlerischer Perspektive muss man dankbar sein für Jahrhunderte in jeder Hinsicht fantasievoller Unterhaltung. Aber irgendwann war es dann auch mal gut. Dann wollte ein Großteil der Welt doch einfach mal umschalten, gewissermaßen von RTL ZWEI zum Deutschlandfunk. Nicht immer nur Albernheiten, Eifersucht, Mord und Totschlag – sondern auch mal Bildung, Gespräche, Nachrichten, Dokumentationen, kurz: Protestantismus. Es kam zur Reformation.

Die ewige Schlacht zwischen Bild und Wort erfuhr hier einen neuerlichen Höhepunkt. Der Katholizismus in seiner Pracht, mit seinen Gemälden und Gerüchen, den bunten Kostümen und den launigen Zeremonien wurde infrage gestellt durch eine Protestbewegung, die das alles nicht mehr wollte. Die war einfach erst mal nur dagegen. Kennt man. Das hat sich bis heute auch nicht geändert – wenn ein Protestant vor Ort ist, wird mindestens einer widersprechen. Zur Not er sich selbst. Böse Zungen behaupten, evangelische Christen hätten Angst vor dem Tod. Und versuchten, ihr eigenes Leben dadurch zu verlängern, dass sie jede Debatte künstlich verkomplizieren. Dadurch, dass sie andere aufhalten, glaubten sie, selber länger bleiben zu können. Das aber ist ein Irrtum. Auch wenn insbesondere reformierte Christen so blass und dünn aussehen wie lebende Leichen: Irgendwann müssen auch sie sterben. Nein: Die dauerhafte entscheidungslose Grundsatzdebattierlust des Protestantismus nervt einfach wie ein torloses Unentschieden. In der Verlängerung. Keiner kann mehr, keiner will mehr, aber aufgeben ist nicht. Problem: Das Regelwerk sieht kein Elfmeterschießen vor.

Auch der Protestantismus hat seine Liturgie, seine Musik, sogar seine eigene Mystik. Aber überwiegend ist er verkopft, gleichberechtigt bis zum Anschlag, statt Popanz gibt es Proporz. Seine Anhänger sind der Wahrheit zugetan. Schönheit ist ihnen egal. Sie bevorzugen Leere und nennen sie Schlichtheit. Protestanten wird daher stets nicht zu Unrecht vorgeworfen, sie wären verkrampft und hätten »einen Stock im Arsch«. Da ist was dran – sagte man doch schon Erstrevolutionär Martin Luther schlimme Verdauungsprobleme nach. Womöglich war er deshalb auch in den Verhandlungen mit dem Vatikan so unflexibel und stur. Stattdessen brachte der Reformator aus nur einem Grund die heilige römische Kirche zum Einsturz und trieb damit in der Folge einen ganzen Kontinent in einen Krieg: wegen seiner Verstopfung. Der wunderbare E. W. Heine bringt es kulturphilosophisch auf den Punkt: »Luthers Stuhl blieb hart. Und der Heilige Stuhl blieb hart. Der Rest ist bekannt.«

Denn ja, die Reformation setzte unfassbare Kräfte frei: Binnen kürzester Zeit lag ein Kontinent in Schutt und Asche. Und es gab 127 neue Konfessionen. Mindestens. Tendenz steigend. Natürlich gründeten die Briten bei der Gelegenheit ihren eigenen Club, so schnell es eben ging. Das kann niemanden überraschen: Sie sind ja für ihre periodisch auftretende, störrische Eigenbrötelei bekannt und machen sich ja traditionell gern alle paar Jahre mal wieder selbstständig. Bis sie erneut angekrochen kommen, weil ihnen die Vorräte ausgehen. Und sie zum wiederholten Male feststellen, dass Fett allein satt macht, aber nicht glücklich. Dafür braucht man bekanntlich auch noch Zucker. Bei ihren Brexits tun die Insulaner um Heinrich VIII. oder Boris Johnson zumeist so, als kämpften sie für irgendein Prinzip. Dabei geht es ihnen aber immer nur um Frauen.

Anglikaner sind gewissermaßen nur panierte Katholiken. Mit genug Bier kann man sie ertragen.

Es gab aber natürlich auch Gruppen, die sich nicht aufgrund machtpolitischer Faktoren oder regionaler Widrigkeiten gründeten, sondern tatsächlich wegen weltanschaulichen Differenzen mit allerdings nahezu jeder existierenden Form von Kirche. Es war unglaublich viel Bewegung drin: Manchen ging Luther nicht weit genug, den anderen zu weit. Den einen war er zu konservativ, den anderen zu progressiv. Den einen war er zu locker, den anderen zu zwanghaft. Also gründeten sich weitere Konfessionen. Eine für die Armen, die fanden, dass alle ab jetzt arm sein sollten. Und eine für Reiche, die es schick fanden, arm zu sein. Für Menschen, die gut mit Tieren konnten. Und eine für Vegetarier. Und und und… Es war ein wenig wie beim *Grand Prix de la Chanson*, neuerdings *ESC*: Ein unglaubliches Spektrum an Absurditäten, Bekloppttheiten, Geschmacklosigkeiten und zur Schau gestellten Überzeugungen, von denen einige tatsächlich sogar ernst gemeint sind – was den Unterhaltungsfaktor aber nur noch weiter erhöht.

Als sich der Staub in Europa gelegt hatte, blieben Katholiken, Lutheraner und einige Reformierte übrig. Der Rest musste sich verziehen – und tat es auch. Denn Glaubensfreiheit gab es zunächst ja nur insofern, als man ab jetzt die Wahl hatte, entweder evangelisch oder katholisch zu sein. Mehr ging nicht. Es handelte sich dabei auch um keine individuelle Entscheidung, sondern die des jeweiligen Fürsten. Wurde Europa nach dem Dreißigjährigen Krieg doch aufgeteilt nach dem Motto: *Cuius regio, eius religio*. Also: Der Inhaber des Landes bestimmt auch dessen komplette Glaubensrichtung. Wer die Kapelle bezahlt, bestimmt eben die Musik.

Gut: Der eine oder andere Abweichler schlüpfte irgendwo unter oder duckte sich weg. Beziehungsweise verleugnete seine Andersartigkeit und betätigte sich gewissermaßen als calvinistisches U-Boot im lutherischen Gewand. Manche wiederum protestierten auch lieber gar nicht, sondern wagten sich nur so weit vor, wie es eben erlaubt war.

Was für ein Spektrum – wenn das Licht sich bricht

Weltweit entwickelte sich jedoch eine unfassbare Bandbreite an unterschiedlichsten Christentümern und Kirchen und Konfessionen. Ich zähle nur einige auf: Mennoniten, Mormonen, Unierte, Calvinisten, Puritaner, Baptisten, Quäker, neu-apostolisch, alt-katholisch, Sieben-Tages-Adventisten, Wiedertäufer und -käuer, Wetterfühlige, Ruinierte, Zwinglianer und viele andere.

Ein großer Teil dieser Neu-Kirchen war allerdings nicht bereit, die gerade erst frisch entwickelte Eigenartigkeit zu verleugnen oder einzubringen, sondern bestand auf seinem Recht, konfessionell ernst genommen zu werden. Was sich aber politisch nicht durchsetzen ließ. Den deutschen Adligen waren schon zwei Konfessionen genug Kuddelmuddel.

Als Resultat blieb daher vielen nur die Flucht aus Europa. Etliche Anhänger versprengter christlicher Sonderformen nutzten daher flugs die Möglichkeit, insbesondere das frisch entdeckte Nordamerika zu besiedeln. Dort waren Kirchen bisher unbekannt. Das sollte sich ändern. Denn nun baute dort jeder eine. Seine eigene. So war es allen Flüchtlingen möglich, ihre teils obskuren Angewohnheiten, Bräuche und Dogmen aus Europa einfach mit über die hohe See zu nehmen und sich, anstatt sich in einer gewachsenen Tradition zu integrieren, einfach eine eigene Kirche zu bauen, mit den eigenen Händen und nach den eigenen Regeln. In Europa verfolgt und unterdrückt – im *»Land of the free«* dagegen wurde und wird ungehemmt drauflos geglaubt, ohne Wissenschaft und Dogmatismus. Und zwar bis heute. Dort blühen die herrlichsten Freikirchen und Konfessionen: Es gibt *Megachurches*, die von Weltkonzernen finanziert werden, wenn deren Pfarrer die entsprechenden Sneaker tragen. Es gibt spezielle Kirchen für Magersüchtige und welche, deren Anhänger sich immer noch mit der Pferdekutsche fortbewegen. Es gibt ganzjährig Pfingstler mit Zungenrede und -schlag, bis hin zu zwanghaftem Evangelikalismus. Dabei handelt es sich um eine Sonderform der Freikirche, die sich dadurch auszeichnet, dass man wöchentlich sündigt, umkehrt, seine Schuld bekennt, sich erneut zum Glauben rufen und wiederholt taufen lässt.

Eine puritanische Prüderie scheint sie aber alle zu verbinden. In den USA wird ungehemmt desexualisiert und moralisiert, was das Zeug hält. Körperliche Bedürfnisse gelten als etwas Schreckliches – es sei denn, es handelt sich um die von weißen, alten Männern. Diese fühlen sich in den sogenannten »Staaten« vielfach gar als Vertreter eines neuen, auserwählten Volkes, das seinerzeit um seines Glaubens willen fliehen musste, aber von Gott besonders geliebt wird und sich selbstverständlich deshalb gegen alle anderen wehren muss. Und das nicht erfolglos: Wenige hundert Jahre nach der Reformation sind die USA eine Weltmacht, in ihrer eigenen Mischung aus religiösem Sendungsbewusstsein, Prüderie, Puritanismus und Verfolgungswahn.

In die USA zog es übrigens sogar einige echte Katholiken. Dabei handelt es sich vor allem um Iren, die gar nicht aus Gründen religiöser Verfolgung ausgewandert waren, sondern wegen des riesigen neuen Absatzmarktes für schwarz gebrannten Schnaps, der sich in der Neuen Welt abzeichnete. Ihr Premiumprodukt war das vom vorgeblichen Weltenbummler Karl May aus Sachsen sogenannte »Feuerwasser«. Ein Riesengeschäft.

Es gibt in Amerika wirklich kaum etwas, das es nicht gibt – das sich aber alles irgendwie »Kirche« nennt oder so bezeichnet werden kann. Es gibt auch welche, die gar nicht so genannt werden wollen, obwohl man sie definitiv als solche erkennen und beschreiben, fotografieren und betreten kann, also echte Gebäude, mit Turm und Glocken und Orgel. Faszinierend. Es gibt einzelne und frei stehende, quasi Einfamilien-Kirchen, die zu nichts und niemandem gehören wollen, außer zu sich selbst. Hoch individuelle und originelle Glaubensformen, die aufgrund ihrer Eigenheiten praktischer oder theoretischer Art ohnehin zumeist niemanden fänden, der mit ihnen etwas gemeinsam haben wollen würde oder könnte. Schon darin widerspricht ihre Existenz allerdings dem, was »Kirche« bedeutet, im Sinne eines irgendwie gearteten allgemeingültigen Anspruchs und einer Form übergeordneter Gemeinschaft. In diesen Gemeinden kann man froh sein, wenn der Liturg dasselbe glaubt wie der Pfarrer. Hier geht es wohl nach wie vor – wie in Europa bis ins achte Jahrhundert – weniger um dogmatische Fragen als vielmehr um hegemoniale Besetzung. Man will gar keine theologischen Gemeinsamkeiten finden. Man will einfach, dass an diesem Ort niemand anders auch etwas glaubt. Hier findet der individuelle Ausdruck des Glaubens seinen Höhepunkt. Man kann wählen und wird entsprechend bedient. Eine Art *Take-away*-Religion. *Fastbelief.* Diese Religionsform ist auf Dauer aber nicht gesund und setzt an. Dies kann man in Amerika ausgiebig studieren.

Von Freikirchen und von Kirchenfreiheit

Freikirchen gibt es hierzulande auch. Der Begriff ist allerdings ein wenig tückisch, täuscht er doch vor, man könne dort individuell frei sein, aber dennoch institutionell angebunden. Diese Gruppen wollen meist die institutionellen Vorteile (wie z. B. eine angebliche Seriösität) genießen und gewisse rechtliche und steuerliche Boni, wie sie nur Gesinnungsgemeinschaften möglich sind. Gleichzeitig will man aber keine Verantwortung für Kreuzzüge oder Hexenverbrennung übernehmen müssen. Ein Paradox. Das wäre so, als gründeten die Brandenburger ein eigenes Land und behaupteten danach, den Zweiten Weltkrieg hätten ja »die Deutschen« begonnen und mit denen hätten sie ja nun mal nichts zu tun. Eine ausgebuffte Strategie, wenn auch nicht sonderlich logisch.

Freikirchen sind in etwa mit dem Amateurfußball zu vergleichen, denn sie haben vielfach nur lokale bzw. regionale Strukturen. In aller Regel haben die Gemeinden keine überregionale Bekanntheit, keine besonderen Erfolge oder Katastrophen, befinden sich vielmehr oft in der typischen diasporalen Verteidigungshaltung von Minderheiten und sind daher zumeist sehr konservativ. Was wiederum auch darin begründet ist, dass ihre aufgewecktesten Geister seinerzeit den Kontinent verließen. Noch in den letzten zweihundert Jahren mussten diese Freikirchen oft ein Schicksal als Randgruppe fristen, mit konspirativen Treffen in dunklen Hinterhöfen und Gräbern außerhalb der Friedhofsmauern, neben denen der »Selbstmörder«. Oft sind diese Gemeinden geprägt von charismatischen Führungsfiguren, die dann aber, wie alle Männer fortgeschrittenen Alters, den Laden irgendwann nur noch irgendwie zusammenzuhalten versuchen. Da geht es oft zu wie im klassischen Lebenslauf eines Handwerkers: In der ersten Lebenshälfte versucht man, einen erfolgreichen Betrieb aufzubauen; in der zweiten nur noch, das Lebenswerk zu retten und einen möglichen Nachfolger zu finden. Den Erben.

Freiheit sieht anders aus. Daher gleichen viele Freikirchen inzwischen provinziellen Sparkassen-Filialen: Akkurat, sauber und praktisch eingerichtet. Es gibt klare Abläufe und es herrscht ein freundlich-bestimmter Umgangston, der dem Kunden die unmittelbar bevorstehende Beantwortung seiner Schuldfrage suggeriert, selbstverständlich aber bei gleichzeitig kompletter Enteignung. Der Filialleiter ist stets in einen gedeckten braun-blauen Zweiteiler gekleidet aus dem Schlussverkauf von C&A oder P&C. Der einzige Unterschied sind die Schwimmbäder beziehungsweise Taufbecken. Dergleichen findet man in Banken bekanntlich eher selten. Die wollen keine Reinwaschung, Vergebung ist nicht, die wollen Zinsen.

Angesichts des aktuellen Mitgliederschwundes ist es aber natürlich vorstellbar, dass bei uns auch bald jeder eine eigene Kirche haben kann – unabhängig von seiner Konfession. Der Leerstand an sakralen Gebäuden wächst und es wird mit Sicherheit bald Gottes-Haus-Besetzer geben. Die dann vermutlich rückwirkend die Reformation noch mal aufrollen und nachweisen wollen, dass und wo Luther genau irrte. Das wären dann aber keine Frei-, sondern Leerkirchen.

Das ist einfach Geschichte: Je länger eine Gruppe zusammen ist, umso mehr wird sie von identitären Detailfragen zerrissen, desto wichtiger werden dogmatische Feinheiten, umso mehr klaffen Bewegung und Ordnung auseinander, ebenso Anspruch und Wirklichkeit. Denn je größer sie wird, umso komplexer wird die Zusammensetzung der Gruppe und umso kleiner der gemeinsame Nenner, der alle verbindet.

Gleichzeitig wird sie aufgrund ihrer wachsenden Diversität für immer mehr Menschen interessant. Dadurch durchmischt sich das Milieu im Laufe der Zeit aber nicht umso stärker, sondern alle ziehen sich in ihren jeweiligen *inner circle* zurück und setzen sich nur noch mit ihresgleichen in eine der Schmollecken. Außerdem wollen – gewissermaßen entgegengesetzt proportional zum Wachstum der Gruppe – konservative Kräfte umso strenger irgendwelche für alle gültigen Prinzipien festlegen und Verstöße bestrafen. Schwer auszuhalten, das Ganze.

Vor allem, weil auch noch über jeder ideellen Gruppierung die große Frage schwebt: Was erzählen wir den Leuten da draußen? Wer sind wir und was glauben wir wirklich? Beziehungsweise was glauben wir, dass die Leute hören wollen, um uns zu glauben? Was soll das eigentlich alles? Was genau machen wir hier eigentlich?

Ausguck

Wenn es keine Kirchen mehr geben sollte, ginge auch ein Aufatmen durch das Land. Und zwar nicht bei den Heiden, sondern bei den Christen. Seien wir ehrlich: 90 % aller Gespräche über den Glauben sind welche über die Kirche. Den Großteil der Zeit ist man damit beschäftigt, sich für deren Tun zu rechtfertigen oder ihre Regeln zu erklären. Stellt Euch bitte angstfrei vor: Dem wäre nicht mehr so. Nicht schlecht, oder? Man könnte wieder unbefangen in Gespräche gehen. Und niemand könnte Christinnen und Christen problemlos innerhalb kürzester Zeit in einen Käfig sperren aus Kirchensteuer, Kreuzzügen und Kardinalfehlern. Als Christ wäre man ohne Kirche zukünftig gewissermaßen selbstständig. Schön!.

Ich bin als Künstler freiberuflich – immer gewesen. Das gibt mir prinzipiell die Möglichkeit, mich zu Projekten und Arbeiten frei zu verhalten. Und meine Regel lautet: Mehr als 50 % müssen Spaß machen, sonst tue ich das nicht. Klingt luxuriös, ich weiß. Aber insbesondere das Tourneeleben ist wahnsinnig anstrengend – die Quote ist daher schon angemessen. Man muss rechnen: Wenn die Fahrt sehr lang ist, muss wenigstens das Theater toll sein. Wenn der Saal schwierig ist, muss wenigstens das Catering stimmen. Wenn das Publikum verhalten ist, sollte das Hotel gut sein. Wenn das alles nicht passt, muss es wenigstens die Gage wert sein. Und nur die kenne ich wirklich vorher.

Christen sind (und waren) ein wirklich mehr als bunter Haufen. Sie zu organisieren, ist eine anspruchsvolle Aufgabe. Vielleicht haben wir aber zukünftig auch einfach Wichtigeres zu tun?! Lasst uns miteinander glauben statt gegeneinander. Miteinander feiern ist besser als zu streiten. Mehr Konfetti, weniger Konfession.

6

KLERIKALAUER GOTTES BODENPERSONAL

Woran vor 2000 Jahren noch keiner dachte: Dass man das Weitertragen des Evangeliums eines Tages würde beruflich machen können. Die Konsequenzen waren nicht absehbar. Der Gedanke, eine Botschaft vermitteln zu wollen und diese für so wichtig zu halten, dass sie alle Welt hören müsste, ist verständlich. Doch daraus einen Beruf zu machen, ist es nicht. Wir sind alle mal begeistert von einer Sache, einer Idee, einem Instrument, einem Maler, einer Band – aber nennen es Hobby und gehen dieser Leidenschaft normalerweise in unserer Freizeit nach. Und vielleicht auch nur bis zum nächsten Album. Weil, wie es dann in aller Regel heißt, die Musik nach diesem ersten Überraschungserfolg doch »sehr kommerziell geworden« sei.

Als Christ misst man verständlicherweise dem Heiland und seinem Erlösungswerk deutlich größere Bedeutung bei als etwa dem neuen Album von Coldplay. Dennoch gilt für uns Religion in der Regel ebenfalls als Privatsache, Kirche und Staat sind demzufolge hierzulande getrennt. Wenn auch erst seit Kurzem. Schließlich ist es noch nicht so lange her, dass wir eine Pastorentochter als Kanzlerin hatten und einen Pfarrer zum

Präsidenten. Und mit Peter Hahne war sogar der Sprecher der anerkannten Nachrichtensendung »heute« im ZDF ein Geistlicher. Im Nahen Osten vermuteten manche, Deutschland wäre ein christlicher Gottesstaat.

Dieses Kapitel befasst sich mit diesen professionell Gläubigen. Ich nutze für deren Nennung überwiegend die männliche Berufsbezeichnung, obwohl zweifellos inzwischen mehr und mehr Frauen diesen Job auch ausüben – zumindest außerhalb der römischen Feldpostnummer. Man mag mir das nachsehen, aber Historie und Mehrheitsverhältnisse lassen eine andere geschlechtsneutrale Beschreibung nicht wirklich zu.

Phase 1: Das Wandern ist des Jüngers Lust

In den ersten christlichen Gemeinden gab es keine solchen Geschlechter-Grenzen. Frauen kamen in der Gemeinde zu Wort und übernahmen auch Verantwortung. Da war grundsätzlich von Hierarchie auch noch nicht viel zu sehen.

Jesus selbst und die Jünger nebst Jüngerinnen waren von Beginn an eine wandernde Kommune. Sie zogen ohne festen Wohnsitz durch die Gegend und luden sich teilweise bei wildfremden Leuten zum Essen ein. Rückwirkend wurde behauptet, dies sei jeweils lokale Sitte gewesen (»Diese orientalische Gastfreundschaft!«) und man sei lediglich Einladungen nachgekommen. Solche Menschen kennen wir alle, nicht enden wollende Spontanbesuche von Personen, die sich nicht ans Protokoll halten und statt einer lieber drei Mahlzeiten schnorren, Freunde mitbringen und dann, wo möglich, auch noch über Nacht bleiben wollen (»Oh, jetzt ist es aber spät geworden, da haben wir uns mal so richtig verquatscht!«). So gut wie jeder engagierte Christ hat aber bereits erleben dürfen, wie Jahrhunderte später Pastoren genauso vorgehen: kein Geburts-, Hochzeits- oder Jahrestag, den sie verpassen. Aus Menschenliebe? Zuneigung? Empathie? Weit gefehlt. Wegen der wunderbaren Erdbeertorte oder dem fabelhaften Sauerbraten oder dem selbst gebrannten Schnaps. Viele Geistliche waren und sind schlicht Schnorrer vor dem Herrn. Und nach ihm auch.

Ursprünglich waren Christen also überhaupt kein -tum, sondern eine Wanderbewegung. Mit einem Fremdenführer. In Jesuslatschen. Heute findet man Derartiges nur noch punktuell in abgelegenen Gegenden Südostasiens und zahlt viel Geld, um diese spezielle Atmosphäre erleben zu dürfen: Schwitzend und ungewaschen und barfuß durch die Gegend zu laufen und gleichzeitig über innere Reinigung zu philosophieren. Ein Phänomen kognitiver Dissonanz.

Auf diesem Prinzip des Wanderpredigers gründen sich übrigens einige Theorien, etwa die, Jesus sei zwar nicht gestorben, aber auch nicht gen Himmel aufgefahren, sondern habe sich – mangels Flugzeug – vielmehr zu Fuß gen Pakistan aufgemacht. Oder auf die Philippinen. Was man ja auch durchaus hätte nachvollziehen können, gelten diese Regionen doch touristisch durchaus als attraktiver als weite Teile Palästinas.

Und ja, es stimmt: Jesus war und ist Fremdenführer. Bis heute, ja! Denn auch wir sind alle zum ersten Mal hier. Und nur zu Gast. Und kennen uns nicht aus. Verlaufen uns oft. Und wollen irgendwann nur noch hier raus.

Seinerzeit zeigte er seiner Truppe aber auch ganz praktisch die weite Welt. Beziehungsweise das, was sie dafür hielten. Denn die Jünger waren ihrerseits noch nicht besonders weit gekommen. Der normale Radius war: einmal zum See und zurück. Josephs und Marias volkszählungsbedingter Kurztrip von

Nazareth nach Bethlehem galt ja seinerzeit auch schon als Weltreise. Mobilität spielte bei Weitem nicht so eine große Rolle wie heute, schon mangels entsprechender Verkehrsmittel. Über das Wochenende nach Rom? Unrealistisch, wenn man die Strecke mit einem Esel zurücklegen muss. Aber auch Urlaub gab es noch nicht. Insofern waren die Menschen im Heiligen Land eigentlich zufrieden mit ihrem Leben. Weil sie es mussten, sie kamen ja nicht raus. Da ging es ihnen so wie den Bewohnern der Eifel.

Konsequenterweise bezog sich der als missionarisch interpretierte Hinweis von Jesus, die Jünger mögen seine Botschaft tragen bis an das »Ende der Welt«, eigentlich nur auf Samaria – und diese Bezeichnung war absolut kein Kompliment für den gemeinten Landstrich. Vor allem war der nicht sonderlich weit entfernt: Gut siebzig Kilometer – das ist die Strecke von Köln nach Bochum.

Keiner jedenfalls dachte beim Missionsbefehl an größere Entfernungen. Niemand hatte die Brandenburger Steppe im Sinn oder die schwer zugänglichen Täler der bolivianischen Ostkordillere. Beides Regionen, die den Titel »Ende der Welt« zweifellos eher verdienten. Samaria lag übrigens in der Nähe des heutigen Nablus, welches inzwischen berühmt ist für seine Seifenfabrik. Zumindest wird einem diese bei der *Google Earth*-Suche als Erstes angezeigt.

Umso beeindruckender die Begeisterung der ersten Christen, die sie dazu trieb, auch außerhalb ihres eigenen gewohnten Lebens zu missionieren. Sie nahmen große Risiken auf sich und mussten teilweise um Leib und Leben fürchten. Die eigene Familie und das gewohnte Umfeld hinter sich zu lassen, mag für den einen oder die andere womöglich eine Befreiung gewesen sein. Aber das gesicherte Einkommen aufgeben, den erlernten

Beruf für den damals noch zurecht sogenannten Broterwerb?! Nicht nur für damalige Verhältnisse waghalsig. Und für uns Deutsche grundsätzlich unvorstellbar.

Phase 2: Die Erfindung der Fernreise – One Way Ticket

Mit dem Apostel Paulus und seinesgleichen begann dann aber Phase 2: die Fernreisenden – Menschen, die den hebräischen Dunstkreis ganz verließen und ihrem Glauben damit zu wachsender Bedeutung verhalfen. Auch hier dürfte der parasitäre Charakter des Missionars noch im Zentrum gestanden haben, an einen ernsthaften Broterwerb war nicht zu denken. Den hatte man ein für allemal hinter sich gelassen. Zumal man in Rom zum Beispiel relativ wenig Verwendung hatte für hebräische Gastarbeiter aus der Fischereiwirtschaft oder der Zollverwaltung. Vielleicht aber waren die ersten Christen auch einfach sehr bescheiden und lebten über tausend Jahre vor der Reformation bereits protestantisch. Will sagen: Sie ernährten sich nur von trockenem Graubrot und stillem Wasser.

Anführer wird es auch in den ersten Gemeinden gegeben haben. Beziehungsweise Vorgesetzte. Simon Petrus, einer der Jünger, hatte wohl solch eine Sonderstellung und gilt als Begründer der Kirche. Er soll unter dem Petersdom begraben liegen, zugleich sagt man ihm nach, Wächter an der Himmelspforte zu sein. Offenbar war er einer der wenigen multitaskingfähigen Männer mit Talent zur Bilokalität. Kein Wunder, dass alle Päpste in seiner Nachfolge stehen. Wobei man das nicht genetisch auffassen darf – was die kirchliche von der monarchischen, dort sogenannten Thronfolge unterscheidet. Sexualität spielt im Christentum nie eine wirkliche Rolle, vielmehr die

Spiritualität. Mönche beispielsweise vermehren sich bekanntlich nur durch Zellteilung.

Phase 3: Männer mit Prokura

Erst nachdem Konstantin das Christentum anerkannt und Theodosius I. es gar zur Staatsreligion erhoben hatte, bildeten sich auch Verwaltungsstrukturen heraus. Und Hauptamtlichkeit. Männer, die nur und ausschließlich Gottes Stellvertretung übernahmen. Als wäre der selber nicht im Haus. Sondern zu Tisch. Oder in einem Meeting. Oder im Urlaub.

Nach dem Vorbild der Dreifaltigkeit entstand eine Art Triumvirat: Es gab Diakone, Bischöfe und Älteste. Letztere nannte man auch Presbyter. Aus dieser Gruppe rekrutierte sich in der Folge die Priesterschaft. Auch die Ausbildung war dreistufig, am Ende stand die sogenannte »Weihe«. Mit dieser erhält der Geweihte die Vollmacht, im Namen Christi für die Kirche zu handeln. Ist also eine Art religiöse Prokura.

Das Wachstum der Kirche war eng mit dem des römischen Reiches verknüpft – und auch mit der Entdeckung neuer Regionen. Beziehungsweise neuer Land- oder Seewege. So verhinderte vor allem der Limes, dass wir Germanen frühzeitig mit dem Christentum in Kontakt gekommen wären. Erst mit dem Ende des römischen Reiches und der sogenannten »Völkerwanderung« war sozusagen der Korken aus der Flasche und das Evangelium sickerte auch in den nördlichen Teil Europas. Schritt für Schritt, Stein auf Stein.

Die kirchlichen Niederlassungen standen dabei oft sogar in Konkurrenz zu den staatlichen. Klöster und Domkapitel waren autarke Strukturen, der weltlichen Gerichtsbarkeit nicht unterworfen. Sie waren, wie man das heute bei den muslimischen

Gemeinden in Berlin nennt, »Parallelgesellschaften«. Ob es auch Clan-Strukturen gab, ist nicht bekannt. Aber manche Machenschaften der mittelalterlichen Kirche lassen durchaus die Beschreibung »organisierte Kriminalität« zu. Da wurde munter gestohlen, enteignet, gemordet und gebrandschatzt. Ich spreche aus Erfahrung: Man sollte sich nicht auf zu innige Geschäfte mit dem Adel einlassen.

Die Beziehungen zur höfischen Gesellschaft aber waren mehr als eng, sie waren geradezu verwandtschaftlich: Im Mittelalter wurden im Klerus häufig die männlichen Dritt- oder Viertgeborenen der Adelsfamilien entsorgt. Diejenigen, die in der höfischen Erbfolge ohnehin keine Chance hatten bzw. nicht schlau oder brutal genug waren, um ihre älteren Brüder im Eigeninteresse zu beseitigen. Kurz: Priester wurden die Weicheier.

Der Klerus galt dennoch als eigener Stand. Und sogar als erster. Er lebte hinter Mauern, aber nicht unbedingt klösterlich – ein wichtiger Unterschied. Ehelos waren offiziell aber alle. »Keine Frauen, keine Kinder«, so lautete die Regel in der Kirche – schon lange bevor Hollywood den Action-Film erfand, in den Hauptrollen lauter familienlose Alphamännchen.

Im Zuge der Reformation ließ sich allerdings die sexuelle Energie nicht mehr bremsen und die Frauen hielten offiziell Einzug in die Pfarrhäuser, wenn auch zunächst nur als Gattin. Womöglich war dieser Faktor aber sogar ein entscheidender für die kirchliche Revolution: einfach nur der Wunsch nach Legitimation der ohnehin offenkundigen Beziehungen.

Frauen waren natürlich auch schon vorher da. Also, immer schon. Aber jetzt wurden sie, wenn auch nur im evangelischen Teil, offiziell zugelassen. Das kennen wir aus ländlichen Regionen, in denen die jungen Männer bereits deutlich vor Erreichen ihres sechzehnten Lebensjahres motorisiert sind. Der

Mofa-Führerschein dient nur noch als legitimierende Formalie, Bedingung für die Teilnahme am Verkehr ist er nicht.

Ansonsten durften Frauen sich kirchlich engagieren, aber lediglich beim Auswechseln des Blumenschmucks im Altarraum. Oder in der Küche des Gemeindehauses. Noch heute gilt diese leider vielfach als weibliches Refugium, bei Gemeindeabenden oder Adventsbasaren wird man dort jedenfalls kaum mal einen Mann finden, der Canapés zubereitet oder selbst gebackene Plätzchen anrichtet. Die Alternative für katholische Frauen bestand darin, einem Orden beizutreten, für evangelische einem Diakonissenmutterhaus. Dort mussten sie zwar auch kochen, durften dann aber wenigstens auch mal was sagen. Der Preis für dieses Recht auf Artikulation war der Verzicht auf das familiäre Idyll – durchaus ein guter Deal.

Katholische Männer im geistlichen Amt lebten und leben bis heute auch außerhalb des Klosters körperlos. Man nennt diese Lebensform »Ken«. Oder eben Zölibat. Dabei handelt es sich nicht um ein Grippe-Medikament, sondern um eine spezielle kirchliche Kostenkontrolle. Durch ihr Single-Dasein kamen und kommen diese Pfarrer nämlich mit deutlich geringerem Gehalt aus, was den Haushalt der Gemeinde spürbar entlastet. Dieser Effekt wurde dadurch verstärkt, dass zumeist eine externe Haushälterin für den vergeistigten Geistlichen die Budget-Planung, Einkäufe und Verwaltung übernahm. Sonderlich anspruchsvoll war das Leben eines Pfarrers aber in aller Regel ohnehin nicht. Bis heute leben sie oft einfach, das Mobiliar ist schlicht und praktisch, die Kleidung unauffällig oder gar altmodisch. Beziehungsweise verschwindet ohnehin unter der wallenden Berufsbekleidung. Mir ist der Fall eines Münsterländer Priesters bekannt, der stets unter dem Talar ein Trikot von Schalke 04 trug. Ergebnislos. Herausgeputzt jedenfalls wird sich nur an hohen Feiertagen. Dann werden die feinen Gewänder aus dem Schrank geholt, Brokat, Samt, schillernde Farben, das volle Programm. Aber alles für den Herrn. Protestanten tragen zur Feier des Tages anthrazit statt schwarz.

Phase 5: Gleichberechtigung und Gleichverpflichtung

Heutzutage gibt es den klassischen Klerus nicht mehr. Die Ausbildung ist allerdings nach wie vor lang und hart, so als bildete man noch den ersten Stand. Das ist aber nicht ungewöhnlich: Eine Reaktion der Kirche auf zeitgeschichtliche Entwicklungen erfolgt in der Regel mit einer zeitlichen Verzögerung von mindestens 600 Jahren.

Auch in der evangelischen Kirche dürfen beispielsweise Frauen noch nicht lange das theologische Amt ausüben. Mittlerweile aber gibt es mehr Theologinnen als Theologen – im Pfarramt sind die Mehrheitsverhältnisse allerdings immer noch umgekehrt. Ganz zu schweigen von den Leitungsgremien. Um es deutlich zu sagen: Wenn die Kirche überhaupt eine Zukunft haben soll, dann nur, wenn sie auch dem weiblichen Geschlecht endlich den Gestaltungsspielraum gibt, der ihm zusteht. Dann und nur dann kommt nämlich auch der nötige Elan ins Spiel. Viele, viele starke Frauen haben in der Geschichte oft genug nachgewiesen, dass nur sie imstande sind, hoffnungslose Fälle wiederzubeleben. Und damit meine ich Männer. Oder eben die maskulin dominierte Kirche.

Apropos Studium: Wer Pastor werden will, wird nach wie vor akademisch allumfassend ausgebildet. Der Theologe lernt Latein, Hebräisch und Griechisch. Dabei handelt es sich aber nicht um die aktuelle, sondern um die antike Sprache, man kann damit im »Olympia-Grill« kein Gyros bestellen. Sinn der Sache ist es, die Bibeltexte im Original lesen zu können. Aber damit nicht genug: Auch der Rest des Studiums ist ausgesprochen umfangreich und nimmt mehrere Jahre in Anspruch. Vermutlich deshalb hat wohl auch der Sänger Tim Bendzko nach fünf Semestern sein Studium der evangelischen Theologie abgebrochen und sich dazu entschieden, lieber erst die Welt zu retten. Zweifellos die deutlich einfachere Aufgabe.

Im Anschluss an die langen Hochschuljahre gibt es in der Regel eine zweite, praktische Ausbildungsphase. Erst an deren Ende und nach einer möglichen Wartezeit erfolgt dann die Ordination beziehungsweise Weihe. Bis aus einem jungen, engagierten Christen ein ordentlicher Pfarrer geworden ist, können gut und gern fünfzehn Jahre vergehen. Und da reden wir noch nicht mal von denen, die im Studium auch mal ausschlafen wollen und dadurch noch mehr Zeit verlieren. Vom Feiern ganz zu schweigen, dem eigentlichen Sinn von Universitäten.

Apropos: In meiner Studienzeit in Münster besuchte ich gern die Partys der katholischen Fakultät. Da gab es Bier. Bei uns Protestanten gab es Sitzkreis mit Schorle. Außerdem waren bei der Konkurrenz-Konfession die attraktiveren Frauen – warum auch immer. Vielleicht fühlten sie sich von katholischen Theologen angezogen, gerade aufgrund der amourösen Perspektivlosigkeit? Sie schienen jedenfalls alle in Beziehungen zu sein. Diese Frauen sagten dann in jedem Gespräch entweder: »Das da vorn ist mein Freund. Er studiert katholische Theologie. In drei Jahren trennen wir uns, dann hat er Examen.« oder »Das da vorn ist mein Freund. Er studiert katholische Theologie. In drei Jahren macht er Examen. Anschließend ist er arbeitslos.« oder »Das da vorn ist mein Freund. Er studiert katholische Theologie. In drei Jahren macht er Examen. Dann werde ich seine Haushälterin.« Mir fehlte allerdings die Zeit, um herauszufinden, für welche dieser drei Varianten sich diese Frauen letztlich entscheiden sollten. Heute bedauere ich das, da ich sicher mit ein wenig Geduld hätte zur ökumenischen Versöhnung beitragen können.

Das Berufsbild des Geistlichen ist inzwischen sehr komplex geworden. Und es gibt viele Tätigkeitsfelder, vom Militärseelsorger über den Anstaltspfarrer bis hin zum Studienleiter. Dementsprechend gibt es viele unterschiedliche Pfarrerinnen und Pfarrer. Es gibt die Akademiker, die geschliffen formulieren und vortragen, aber beim Überbringen einer Trauernachricht versagen. Es gibt die Friedensbewegten, die aus ihrem Gemeindeleben ein Happening machen und wahlweise Geflüchteten, Bienenvölkern oder Demonstranten Asyl gewähren. Es gibt die Versponnenen, die einfach gar nichts tun, außer Lesen, Wandern und Musizieren. Dann gibt es die Besessenen, die von ihrem Dorf aus eine weltweite Erweckungsbewegung ins Rollen bringen wollen. Dann gibt es noch die Verwalter, die einfach nur auf die satzungsgemäße und kostenneutrale Abwicklung der gemeindlichen Ordnung achten. Und dann gibt es die Vielzahl echter Profis, die es wirklich schaffen, akkurat das Verhältnis aus Dienstleistung, Innovation, Predigt, Zuwendung, Seelsorge und Verwaltung auszumessen und auszufüllen. Dazu bedarf es eines Zeitbudgets von ungefähr 250 Wochenstunden. Bewundernswert.

Die für die Kirche ideale Form ist die Pfarr-Ehe. Aus naheliegenden Gründen eine evangelische Erfindung. Man setzt ein aus zwei Theologen unterschiedlichen Geschlechts bestehendes Paar gemeinsam auf nur eine Pfarrstelle. Dadurch werden sie nicht verbeamtet, schlechter bezahlt und haben miese Kündigungsbedingungen. Beide sind aber natürlich engagiert und erfüllen daher mit selbstloser Selbstverständlichkeit nicht nur die jeweils angemessene halbe Stelle, sondern leisten in der Regel deutlich mehr. So werden 100 % bezahlt, geleistet aber mindestens 150 %. Die Kirche als Arbeitgeber wurde hier arbeitsrechtlich offenbar zum Vorbild von Amazon.

Aber es ist ja nicht nur das Kirchenamt, teilweise will ja die Gemeinde auch noch Aufmerksamkeit. Hauskreise, Krankenbesuche, Gottesdienste, Amtshandlungen. Dann kommen noch offizielle Termine dazu, behördliche oder politische Vorgänge. Dann kommt der Bürgermeister vorbei oder der Schützenkönig oder beide, weil sie die kostenlose Nutzung des Kirchplatzes am ersten Mai-Wochenende besprechen wollen. Es ist eine Krux. Hinzu kommt, dass Pastoren meistens in einem sogenannten »Pfarrhaus« leben. Das bedeutet günstiges Wohnen. Aber eben auch permanente Behelligung durch jedermann, bei kleinen und bei großen Sorgen. Irgendeiner klingelt immer. Ein sogenanntes Privatleben haben Pastoren daher normalerweise nicht. Denn sie wohnen im Glashaus. Für einen ordnungsgemäßen Fehltritt müssen Geistliche in aller Regel nach wie vor den eigenen Sprengel verlassen. Das machen sie daher montags. Da haben sie frei.

Für ihre Selbstaufgabe kann man die Pfarrer nur bewundern. Ich habe mich seinerzeit denn doch für die Alternative Tourneekünstler entschieden. Da habe ich zwar auch nur montags frei. Aber bei mir klingelt dann keiner. Das ist mehr als hilfreich. So kann ich meine Fehltritte flexibler planen – und mich einfach auch zu Hause mal danebenbenehmen.

Ausguck

Wenn es keine Kirche mehr geben sollte, brauchen wir dennoch Lehrer. Vielleicht sogar mehr denn je. Wir brauchen Seelsorger. Sogar Verwalter vielleicht. Und Fürsorger, Diakone. Prediger. Aber die müssen das vielleicht zukünftig wieder unbezahlt machen. In ihrer Freizeit. Quasi als Fortbildung.

Oder wir legen alle zusammen, damit sie das beruflich machen können? Vielleicht gibt es aber gar keine staatlich geförderte Ausbildung mehr – was tun wir dann?

Mit der Kirche ginge auch eine Wissenschaft womöglich dem Ende entgegen – oder zumindest ein Ausbildungsweg, wenn schon keine Fakultät. Aber sicherlich wäre es das bedauerliche Ende eines Berufsstandes. Nur: Angesichts einer teilweise übermenschlichen Arbeitsbelastung von 80 Wochenstunden oder mehr muss auch die Frage erlaubt sein, ob man den potenziellen zukünftigen Pfarrern damit nicht auch einen Gefallen tut. Diese beuten sich ja traditionell in vielen Gemeinden selber aus, da sie die oben genannten Funktionen oftmals alle in sich vereinen müssen. Sie sind nicht nur Prediger und Seelsorger, sondern auch noch Verwalter, Küster und Musiker. Und mit der Zusammenlegung von Kirchengemeinden nimmt die Arbeitsbelastung weiter zu.

Ein Modell in freier Organisationsform würde uns wieder ermöglichen, die Lasten auf mehr Schultern zu verteilen. Und vielleicht auch jede und jeden nach seiner Begabung einzusetzen. Wir haben alle bereits Predigten gehört, die von Verwaltern gehalten wurden. Das ist nicht schön. Genauso wenig wie eine Buchhaltung, die von einem Musiker geführt wird.

Ohne Kirche gäbe es auch einige Ämter weniger. Man könnte aber Menschen wieder mehr nach ihrer Begabung einsetzen – das wäre eine echte Verheißung. Das kann allen nur guttun. Wir brauchen weniger Last und mehr Lust.

7

DER UNTERGANG DES ABENDMAHLS SAKRAMENTE, ZEICHEN UND WUNDER

Das Christentum wollte sich immer abheben von den primitiven Religionen der Vorzeit. Schluss mit all dem Gezauber und den Verwünschungen, den geschlachteten Hühnern und geschächteten Schafen, den Muschelketten und den Schwitzhütten. Man wollte unbedingt eine »Hochreligion« sein. Insofern war es zwingend, dass man sowohl »heidnischen« Orten als auch Bräuchen und Festen zwingend eine eigene Interpretation geben musste. Wenn man sie nicht schon ganz abschaffen konnte.

Leider aber ist dieses Vorhaben als gescheitert zu bezeichnen, mussten doch die Kirchen im Laufe der Jahrhunderte lernen, dass es so ganz ohne Tamtam nicht geht. Beziehungsweise: dass das Publikum auf Dauer eine Show nicht akzeptiert, wenn darin nichts Spektakuläres passiert. Jungfrau zersägen, Tiger verschwinden lassen – irgendetwas muss geschehen: *There is no business like showbusiness.*

Tiefpunkt dieser Entwicklung und gleichzeitig die Wende: natürlich die Reformation. Der Protestantismus hatte stets Probleme mit Bildern und Farben. Dummerweise läuft die moderne Kommunikation überwiegend über Emojis. Aber auch schon vor der Digitalisierung mussten lutherische und reformierte Christen immer versuchen, in neutralen bis nackten Räumen in Stimmung zu kommen. Ohne Bilder. Ohne Düfte. Teilweise auch noch ohne Musik. Oder ohne Instrumente. Oder nur mit einstimmigem Gesang – von weißen Tigern ganz zu schweigen. Das war und ist keine leichte Aufgabe. Es ist ein Wunder, dass es im Zuge der Reformation nirgendwo dazu kam, dass man eine Kirche komplett schwarz strich und die Fenster vernagelte, um bloß keinem der Sinne etwas zu bieten und die Gläubigen sich ganz auf Gott konzentrieren zu lassen. Beziehungsweise auf die eigene Tristesse.

Die Reformation darf durchaus als die letzte große Schlacht gegen die archaischen Religionen gelten. Endlich sollte Schluss sein mit der Magie, mit der Verdummung des Volkes, mit den als primitiv geltenden Zaubertricks, den sinnlosen Ritualen und den unverständlichen Vorträgen in fremder Zunge. Durch die Übersetzung der Bibel ins Deutsche wollte man deren Inhalte endlich auch dem einfachen Volk zugänglich machen. Ein ehrenwertes Anliegen – Allgemeinbildung und Aufklärung: Halleluja!

Hokuspokus Fidibus Fiderallala

Man muss sich das immer wieder klarmachen: Die Bibel war jahrhundertelang nur auf Latein verfügbar. Wer dessen mächtig war, besaß eine religiöse Sonderposition. Ähnlich dem sogenannten Bonus-Status bei der Deutschen Bahn: Wer den hat, genießt eine größere Auswahl an Sitzplätzen und besseren Komfort auf der Reise. Bei der Bahn braucht man dafür nur Punkte, für das Lateinische auch noch Buchstaben. Diese ergeben aber in aller Regel in keiner Weise Sinn, man kann sie lediglich repetieren. Was schon militaristisch klingt, wie nach einem Gewehr. Dieser »Sprache« wohnt nicht umsonst der Geist des Imperialen inne, der den Rest der Welt außerhalb seiner Villa in den römischen Bergen für minderwertige, dumme Bauern hält. Eine Stimmung, wie sie in Italien bei jedem internationalen Fußballturnier auch immer noch zu beobachten ist.

Des Lateinischen mächtig sind heute allerdings sowieso nur noch verhaltensauffällige Kinder aristokratischer Familien aus Berlin-Charlottenburg, die ihren Nachwuchs zum Lernen ausgestorbener Sprachen zwingen. Und die womöglich noch zu anderen unvorstellbaren sozialphobischen Gräueltaten fähig sind, wie zum Spielen einer Geige oder der Lektüre von Thomas Mann auf Englisch. Insofern ist der Lateinkenner auch heute noch privilegiert, muss er doch in aller Regel nicht arbeiten, sondern lebt vom Erbe.

Latein war im Mittelalter die Sprache der Gelehrten. Es lässt sich vielleicht vergleichen mit den heutigen Programmiersprachen – auch diese sind extrem relevant, weil das Leben ohne deren Anwendung sinnlos oder gar verflucht ist. Und gleichzeitig kommt kaum jemand in den Genuss, sie lernen zu können, geschweige denn zu praktizieren.

Im Gegenteil: Jahrhundertelang waren Gläubige dazu gezwungen, einem religiösen Ritual beizuwohnen, das sie erlösen sollte, aber in einer ihnen völlig fremden Sprache vollzogen wurde. Die schon damals kein Lebewesen mehr sprach. Und die zumindest die einfachen Leute noch nicht mal lernen konnten, selbst, wenn sie gewollt hätten. (Als wäre es jemals in der Menschheitsgeschichte vorgekommen, dass jemand freiwillig Latein büffelt!!!). Latein galt daher im Volk als eine Art magischer Sprache aus dem Süden, mit der man – wie in Wilhelm Hauffs Märchen – Störche in Menschen verwandeln kann (»Mutabor«). Oder Blut zu Wein und Fleisch zu Brot (»Hokuspokus«). Dieses Zauberwort entstammt der Abendmahls-Liturgie: *»hoc est porcus«*. Da fand eine für den verstockten Germanen wegen des identischen Geschmacks unbegreifliche Wandlung statt. Tja – da waren sie wieder, die alten Zaubersprüche. Man bekommt die Magie einfach nicht klein.

Blaue, rote und weiße Wunder

In der Heiligen Schrift selbst ist das Verhältnis zum unsichtbaren Gott und seinen sichtbaren Wundern wohlwollend als bipolar zu bezeichnen. Immer wieder murrt das Volk Israel und will mal wieder richtig unterhalten werden. Feuerwerk, Wasserspiele, irgendwas. Und Gott kommt dem meist nach, spätestens immer dann, wenn sich sein auserwähltes Volk ganz ab- und anderen Wettbewerbern zuzuwenden droht. Dadurch vermittelt sich stets der Eindruck, es gäbe auch eigentlich gar kein Problem mit Wundern, man müsse sich nur beleidigt abwenden, um den Allmächtigen dazu zu bringen, seine Lustlosigkeit zu überwinden. Und tatsächlich: Dann haut er wieder einen raus.

Wir konnten während der Corona-Pandemie durchaus Parallelen feststellen zwischen dem Gebaren eines Nomaden-Volks und dem eines hospitalisierten. Immer wiederkehrende Bedürfnisse nach Ablenkung, nach sogenannten Öffnungen. Allerdings wünschte man sich in Deutschland nur Kino, Kneipe oder Kaufladen, vergleichsweise harmlose und leicht herzustellende Zeichen. Nichts im Vergleich zum Verlangen nach brennenden Büschen, sich teilenden Meeren oder treuen Ehefrauen.

Im Neuen Testament wandelt sich das Verhältnis zur Zauberei nur geringfügig. Auch der Heiland wirkte offenbar immer wieder Wunder – um aber anschließend stets darauf aufmerksam zu machen, eigentlich sei der Wunsch nach sichtbaren Zeichen nicht in Ordnung und dieses aber jetzt wirklich das letzte Mal. So versuchen auch viele, ihre Kinder zu erziehen. Völlig witzlos. Die wollen die Ausnahme als Regel.

Kurz und gut: Der klassische, geistorientierte Glaube ist nicht tragfähig. Wir Menschen brauchen die Explosion, die Heilung, das Ritual – schlicht: die Manifestation des Unsichtbaren. Dennoch haben Christen immer versucht, heidnische Rituale auszumerzen. Da dies aus Überzeugung nicht gelingen konnte, ging man dazu über, eigene entwickeln und diese einfach statt der primitiv gewohnten Sitten und Gebräuche zu implantieren. Immer und überall haben daher Um- und Überformung stattgefunden.

Wer zu spät kommt, hat den falschen Kalender

Die Kirche hat ja zum Beispiel eine eigene Zeitrechnung. Wir kennen das von der Bundesliga und aus der Theaterbranche: Dort denkt man jeweils von September bis Mai, die Sommermonate fallen gewissermaßen aus der Zeit. Wenn ein echter Fußballfan im April von einem Termin im September spricht, sagt er in der Regel: »nächstes Jahr«. Genauso die Orthodoxen. Künstler auch: Die begehen ihren Jahreswechsel geschickterweise in der warmen Jahreszeit. Und feiern nicht nur einen

Tag, sondern haben monatelang Silvester. Sie nennen es Sommerpause. In Norddeutschland gibt es die das ganze Jahr über, wenn auch nur klimatisch.

Das Kirchenjahr beginnt seltsamerweise nahezu am Ende des weltlichen Kalenders. Da geht es für Christen erst so richtig los. Man nennt es Advent. Denn es beginnt mit? Warten, genau. Vier Wochen Schwebezustand, erst eins, dann zwei, dann drei, dann vier – dann steht das Christkind vor der Tür.

Was mich als Kind stets erschüttert hat. Das arme, neugeborene Jesuskind steht bei uns vor der Tür!! Bei uns! Und: bei Wind und Wetter!! Gleichzeitig! Womöglich auch noch nackt oder nur bekleidet mit dem weißen Hemdchen, in dem es oft abgebildet worden ist!! Aber so oft ich auch nachsah: Da war niemand. Und meine Mutter sagte irgendwann: »Der kann ja klingeln.« Das war die typische ostwestfälische Gastfreundschaft. In dieser Region wird man in aller Regel herzlich begrüßt mit den Worten: »Was willst Du denn hier?!«

Ich empfand Jesus vor der Tür als beängstigend und auch als ein wenig anmaßend. Sich einzuladen, ohne sich anzukündigen – und sich dann auch noch zu beschweren, dass keiner aufmacht. Und dann heißt es wieder: keinen Raum in der Herberge. Ich hatte die Sorge, wir kleine, harmlose, evangelische Familie werden später historisch in einem Atemzug genannt werden mit den herzlosen Herbergsvätern der Weihnachtsgeschichte, die Josef und Maria das Quartier verweigern. Dabei wären wir offen gewesen – quasi wie ein Scheunentor! Wir warteten ja aufs Christkind!

Nach dem adventlich verzögerten Startschuss des Kirchenjahres folgt Jesu Geburtstag, auch Weihnachten genannt. Dann folgt es chronologisch dessen Leben, wenn auch in großen Zeitsprüngen – schon vier Monate nach der Geburt folgen bereits Kreuzigung und Auferstehung. Danach wiederum vergehen keine neun Monate bis zur erneuten, nun ja, Wiedergeburt. Mariä Empfängnis ist konsequenterweise nur zwei Wochen vor ihrer Entbindung. Klar, wer unbefleckt schwanger wird, kann auch in Rekordzeit austragen.

Das Kirchenjahr bildet wiederum die Grundlage für die Liturgie – Musik und Farbe wechseln entsprechend. Damit man immer weiß, in welcher Jahreszeit man sich ungefähr befindet. Falls es da Unklarheiten geben sollte wegen der Bekleidung: Es gibt Leidens- und Freudenzeiten und die dazu farblich passenden Arrangements. Übergangsjacken gibt es allerdings nicht. Die christlichen Kirchen haben aber insofern die Mode erfunden und die dazugehörige »Saison«. Abgesehen von der schwedischen Designerin Maria Sjodin, die mit ihrer Reihe *modern priests* auch Modeschauen veranstaltet, sind aber weltweit keine christlichen Catwalks bekannt, auf denen die neuesten Talare vorgeführt würden. Allerdings bewegt sich der eine oder andere katholische Pfarrer so, als bewerbe er sich für »Germanys Next Top Priest«.

Der Clou ist: Was uns als christlich verkauft wird, ist es natürlich nicht. Und war es nie. Zum einen setzt das Kirchenjahr selbstverständlich auf dem säkularen Kalender auf. Und garniert ihn mit den eigenen Highlights. So fällt denn doch glatt Ostern als Fest der Auferstehung und des Sieges über den Tod in die Jahreszeit des Frühlingserwachens und des natürlichen Aufbruchs. Die dunklen Wochen des Totengedenkens wiederum liegen im November, bei passend deprimierendem Wetter. Insbesondere die Lieblingswoche der protestantischen Deutschen ist hier zu nennen: Volkstrauertag, Buß- und Bettag, Totensonntag – die Dreifaltigkeit der guten Laune. Die Zeit, in der alte Damen mit Mutterboden in den Frisuren der jährlichen Grabpflege nachgehen. Weihnachten wiederum findet statt bei Kälte und Schnee, die einen die Ungeborgenheit des heimatlos umherirrenden Paares und den Trost und die Wärme der heimischen Krippe perfekt nachempfinden lässt.

Eine gewisse Eurozentrik lässt sich dabei nicht leugnen. Wer einmal einen Heiligen Abend auf Bali verbracht hat oder Totensonntag in der Karibik, weiß, wovon ich spreche. Man kommt dort jeweils nicht wirklich in Stimmung.

Die Ansetzung von Weihnachten beispielsweise war aber auch schwierig: Leider gab es im alten Israel nämlich keine vernünftige Buchführung, sonst wäre sicher schwarz auf weiß notiert worden, wann Jesus von Nazareth geboren wurde. Inklusive genauer Uhrzeit und Gewicht. Mit einem solchen Dokument hätten sich weite Teile der historisch-kritischen Forschung an unseren Universitäten erübrigt. Deutsche Forscher hat diese Unwissenheit verrückt gemacht; hierzulande gilt man ohne Beurkundung der eigenen Existenz durch eine Behörde als gar nicht lebendig. Aber es gab keine Alternative: Erst die Römer brachten eine Form von Verwaltung ins Heilige Land. Sie waren nur leider ein wenig spät dran, begannen bekanntlich erst kurz vor Jesu Geburt mit dem Durchzählen, quasi auf den letzten Drücker – und wurden konsequenterweise damit dann auch nicht rechtzeitig fertig. Italiener halt.

Insofern erfolgte die Festsetzung des Heiligen Abends erst spät, offenbar als Reaktion auf den kultisch begangenen Geburtstag des römischen Reichsgottes *Sol Invictus*, den Kaiser Aurelian auf die Wintersonnenwende am 25. Dezember legte; am selben Tag des Jahres wurde in der Yalda-Nacht auch die Geburt des Mithras gefeiert. Aber beeindruckend, mit welch zwingender Logik es Theologen vierhundert Jahre nach Christus gelang, rückwärtszuberechnen, dass exakt an diesem Abend

Jesus geboren worden sein musste. Sie stellten einfach fest: Isso. Ach so, auch das Datum der Schöpfung wurde so ganz klar wissenschaftlich ermittelt. Wer es nicht weiß: 25. März. Fragen Sie nicht, warum. Das ist oft das Ergebnis christlicher Theologie: Weiß, männlich, siegreich – wir werden zuletzt sein, also waren wir auch zuerst, wir wissen Bescheid. Dabei entstanden auch die Bräuche rund um Weihnachten vielfach erst im bürgerlichen Zeitalter – Weihnachtsbaum, Adventskranz, Cola-Truck.

Das Osterdatum ist der erste Sonntag nach dem ersten Vollmond im Frühling. Ein Schelm, wer denkt, dass dort in vorchristlicher Zeit oder Region ebenfalls irgendwie irgendwas gefeiert worden wäre. Allerdings sind im Gegensatz zu Weihnachten die Bräuche zum Fest der Auferstehung alle zutiefst biblisch: Eier suchen war bekanntlich bereits im Kreis der Apostel ein beliebtes Spiel an hohen Feiertagen. Hasen und Hühner wiederum sammelten sich bekanntlich am dritten Tag vor dem Grab Jesu und rollten den Stein beiseite. Daher werden sie bis heute an Ostern verehrt für ihren himmlischen Einsatz. Und zwar weltweit.

Sogar auf den Philippinen zum Beispiel pflegt man den Brauch mit Hasen und bunten Ostereiern. Wenn die Osterglocken läuten, fassen außerdem aber auch noch die Eltern die kleinen Kinder beim Kopf und heben sie hoch, weil sie glauben, dass diese dadurch größer werden.

In Tschechien, der Slowakei und Rumänien wird am Ostermontag ein Brauch ausgeübt, bei dem die Männer Frauen mit Wasser besprengen und mit einer handgemachten, mit bunten Bändern geschmückten Rute schlagen. Der Überlieferung nach soll dies die Schönheit der betroffenen Frauen erhalten. Frauen, die dabei übersehen werden, wandern dann zumeist nach England aus, um sich dort fortzupflanzen.

In Frankreich, Österreich, aber auch in manchen überwiegend katholischen Regionen Deutschlands wird erzählt, dass die Glocken am Karfreitag nach Rom flögen und am Ostersonntag zurückkämen, wobei sie auf dem Rückweg noch Süßigkeiten für die Kinder verstecken. Ein recht bizarrer Brauch, der aber auf wunderbare Weise erklärt, warum es in diesen Tagen nicht läutet. Wenn Sie also mal zu spät zur Arbeit kommen, sagen Sie Ihrem Chef, Ihr Wecker habe nicht geklingelt, weil der nach Rom geflogen sei. Aber er hätte ihm was mitgebracht. Dann bieten Sie dem Chef eine italienische Süßigkeit Ihrer Wahl an oder dergleichen und alle sind zufrieden.

Es gibt noch mehr skurrile Bräuche: In Schweden verkleiden sich die Kinder am Gründonnerstag als »Osterweiber«. Sie laufen mit langen Röcken und Kopftüchern durch die Straßen. Bei uns ist dieses Fest bekannt als CSD. Denn es geht um Diversität. Allerdings stehen die schwedischen Kinder dabei nicht auf Trucks, sondern kommen direkt an die Haustüren, wo sie um Süßigkeiten betteln. Mit denen sie dann angeblich wiederum Trecker und Lastwagen bewerfen.

Ähnliche Bräuche gibt es auch an anderen Feiertagen. Teilweise waren sie einst definitiv nicht christlichen Ursprungs, wanderten durch die Regionen und die Konfessionen, wurden weiter verformt und kehrten irgendwann unerkannt zurück. So ging es zum Beispiel Allerheiligen, das jahrhundertelang zumeist unmittelbar nach Pfingsten begangen wurde. Ende des achten Jahrhunderts erst wurde in Irland das Fest auf den 1. November gelegt, rein zufällig Beginn des keltischen Jahres und zugleich Winteranfang. Über Northumbrien verbreitete sich dieser Brauch in der Folge durch die iroschottischen Missionare allmählich in der gesamten Westkirche. Am Vorabend, dem 31. Oktober, wurde dann später, insbesondere in den Vereinigten Staaten, auch noch

All Hallows Eve begangen, besser bekannt heute als Halloween. Dummerweise gleichzeitig für evangelische Christen ist an diesem Termin aber auch Reformationstag, an dem der eigenen Revolution und anschließenden Gründung gedacht wird. Heilige, Maskerade und Grusel sind aber jedem deutschen Protestanten suspekt. Sie kennen nur einen Horror: Wenn andere sich amüsieren. Insofern wird in den lutherischen und reformierten Kirchen hierzulande zur Feier dieses Tages lediglich Graubrot und Hagebuttentee angeboten. Ein Brauch, der sich trotz seiner Sinnlichkeit und seiner kulinarischen Attraktivität erstaunlicherweise nicht sonderlich verbreitet hat.

Sakramente und Phänomene

Über die rituellen Bräuche und die Heiligtümer und die Feste hinaus gab es eben immer das Interesse der religiös aufgeschlossenen Menschen an echten Zeichen und Wundern. Die gab und gibt es auch immer und überall, aber keinesfalls spontan und streng hierarchisch organisiert. Damit sie bei Katholiken als solche wirken können, müssen sie nämlich zumeist durch einen autorisierten Amtsträger erfolgen. Also, Achtung – sollten Sie katholisch sein und eine Ihnen womöglich unbekannte Person heilt Sie von einer schweren Krankheit, wie durch ein Wunder, durch Auflegen der Hand oder durch Zubereitung eines exotisch wirkenden Getränks oder sogar nur per WhatsApp – überzeugen Sie sich bitte davon, ob diese Person auch im Besitz der entsprechenden kirchlichen Formulare ist. Ansonsten wäre Ihre Heilung bedauerlicherweise ungültig und Sie müssten Ihre Gesundheit umgehend wieder zurückgeben.

Aufgrund der mangelnden Reproduzierbarkeit von Wundern erfand man kirchlicherseits einfach deren Wiederholung.

Und nannte sie »Sakramente«. Diese sind gewissermaßen kurze Momente von Gottes Gegenwart, so als öffnete jemand ruckartig und kurz einen Vorhang und ließe das Sonnenlicht hinein. Oder als erhaschte man selber im Vorbeigehen einen kurzen Blick auf das Hochzeitskleid. Oder als dürfe man in der Küche den Topf mit dem Teig ausschlecken, Stunden bevor der Kuchen selber auf den Tisch kommt.

Es gibt in der katholischen Lehre sieben Sakramente: Taufe, Firmung, Eucharistie, Buße, Krankensalbung, Priesterweihe und Ehe. Evangelische Christen haben natürlich nur zwei – und die gelten als Glaubenssache und sind von sich aus wirkungslos. Rationalismus pur.

Die Taufe gibt es in zwei Versionen – diejenige an unschuldigen Kindern und die von schuldigen Erwachsenen. In beiden Fällen geht es um das Untertauchen – wird aber dennoch von Kriminellen nicht empfohlen. Die Taufe wird als ebenso einseitiger Akt verstanden, wie umgekehrt Firmung und Konfirmation es sind. Erstere als Bejahung Gottes, letztere als Bekenntnis des Menschen. Das ist also wie in einer WhatsApp-Gruppe. Jemand schreibt was rein, es wird nicht gelesen, irgendwann aber antwortet einer – ob das eine wirkliche Beziehung ist, hängt aber nach wie vor davon ab, ob man sich auch mal persönlich getroffen hat. In aller Regel hat man die Gruppe nach wenigen Wochen aber sowieso schon wieder vergessen und seine Mitgliedschaft. Jahre später allerdings stellt jemand ein obskures, von ihm selbst womöglich für lustig empfundenes Video ein und man erschreckt sich.

Die Verknüpfung der Taufe mit der Mitgliedschaft in einer der Kirchen macht für viele Menschen die Kirche vergleichbar mit einem dieser Buchclubs, bei denen man früher leichtfertig in irgendeiner Fußgängerzone irgendwas unterschrieben hatte.

Erst viel später realisierte man, dass die das ernst meinen – als die erste Abbuchung kam. Doch dann war es zu spät für eine Kündigung. Heute geht so was noch schneller: Einfach online ein Probeabo abgeschlossen und erst, wenn man nicht mehr dran denkt, gerade, WEIL man den Service gar nicht nutzt, zack: Jahresbeitrag fällig. Kirchen gehen da tatsächlich ähnlich vor. Und Aussagen wie »Aber ich wusste doch gar nicht, ob ich das wollte! Ich war doch noch ein Säugling!« werden konterkariert mit dem Klassiker: »Das sagen sie alle!«. Wie auch immer: Man wundert sich.

Das sogenannte »Abendmahl« ist einer der ältesten christlichen Bräuche. Und der heiligste. Er geht zurück auf den Abend, an dem Jesus das letzte Mal mit seinen Jüngern aß, dann aber verraten und verhaftet wurde. Dieser Teil allerdings wird in der Regel nicht mitgefeiert. Lediglich das innige Beisammensein mit dem Herrn und dessen erlösendes Opfer wird begangen. Die Konfessionen streiten sich bis heute bis aufs Blut um die richtige Interpretation des Abendmahls. Für viele Menschen aus anderen Kulturkreisen handelt es sich allerdings um ein bizarres Ritual, das sie an Kannibalismus erinnert. Es ist der Heilige Gral.

Buße ist ein Sakrament der besonderen Art – man leidet gewissermaßen nicht umsonst. Sondern hat was davon: eine seltsame Form von Befriedigung. Der Hang vieler Christen zum Masochismus ist leider völlig unverständlich und konnte in der jahrtausendelangen Geschichte nicht ausgetrieben werden. Dazu hätte es vermutlich eines Exorzismus bedurft. Nun gut: Strafe muss sein.

Auch die Ehe ist ein Sakrament. Wie und auf welche Weise man darin Gott begegnen kann, muss jede und jeder für sich entscheiden. Man kann in jedem Falle die eine oder andere

Überraschung erleben, manchmal schon in der Hochzeitsnacht, manchmal erst nach vielen Ehejahren. Daher nennt man dieses Sakrament auch »sein blaues Wunder«.

Die Geschichte der Kirche ist insofern auch eine Art »Best-of« verschiedener religiöser Erscheinungsformen, Bräuche und Allerweltswunder, organisiert und durchgeführt auf immer vorbildliche Weise von Hauptamtlichen, die ihrerseits Jahrhunderte darauf verwendet haben, herauszufinden, welche Version davon nun jeweils die einzig Wahre sei. Kurz: Hier hatten zu viele Männer einfach zu viel Zeit.

Wenn die Kirche eine Zukunft haben soll, brauchen wir weniger Männer. Weniger Regeln. Weniger Zeit. Und mehr weiße Tiger. Viel mehr.

Ausguck

Wunder waren einmal die christliche Kernkompetenz. Aber nach vielen Jahrhunderten hat die Kirche doch arg Staub angesetzt. Und einfach ein schweres Gewicht. Kein Wunder. Und genau das ist ihr Motto. Wir haben so viel zu bieten an herrlichstem Entertainment – man müsste es nur wieder zeigen wollen.

Wir brauchen schlicht mehr Lust am Leben – mal wieder was riskieren. Mal wieder dorthin gehen, wo es weh tut. Vielleicht an einen Ort, an dem es gar keine Christen gibt!? Dort könnte man vielleicht Wunder wirken.

Oder dorthin, wo die Not am größten ist? Wo Menschen vielleicht krank werden, weil es ihnen nicht möglich ist, auf ihrem engsten Lebensraum die einfachsten Hygieneregeln einzuhalten? Oder wo Menschen hungern und dürsten, weil sie für den Bau eines Brunnens Hilfe bräuchten – vielleicht unsere?

Wir sind zu bequem und haben zu viele Inhalte unseres Glaubens an die Kirche delegiert. Dabei ist und bleibt er eine Herausforderung für jede und jeden. Niemand muss sein Leben aufgeben – oder das, was er dafür hält. Wir dürfen weitermachen wie bisher und einmal in der Woche im Gottesdienst loben und preisen. Natürlich dürfen wir das.

Was wir aber nicht dürfen: vergessen, dass Jesus auch immer herausgefordert hat. Dass seine Zeichen und Wunder keine simplen Machtmanifestationen waren, sondern auch Weckrufe. Wer Dienst nach Vorschrift leben will, darf sich über Ereignisarmut nicht wundern. Wer aber aufbricht und Unsicherheit in Kauf nimmt, der kann ein Wunder erleben. Vielleicht ein blaues. Aber immerhin.

Wenn es keine Kirche mehr gäbe, so wären wir alle dazu aufgefordert, rauszugehen, zumindest mental. Wir brächten uns in Gefahr, ja. Aber wir wären überrascht und wir würden überraschen. Wäre das nicht was?

8

GÄHNENDE LEHRE DOGMEN UND ANDERE WAHRHEITEN

Glauben ist das Eine. Dogmen sind das Andere. Und vielfach hat beides nichts miteinander zu tun. »Dogmen« klingt, wenn man es englisch ausspricht, ein wenig nach dem Namen einer Hip-Hop-Band aus Südkalifornien. Gemeint sind aber damit hier keine um brennende Mülltonnen tanzenden Hundemänner, sondern Glaubenssätze. Und zwar solche, die zeitlich und räumlich unbegrenzt gelten. Für alle. Wie Vinzenz von Lérins im fünften Jahrhundert in seinem Commonitorium schrieb: »was überall, was immer und was von allen geglaubt wird« (*quod ubique, quod semper, quod ab omnibus creditum est*). Dogmen bezeichnet man deshalb auch nicht als »logisch« oder »richtig«, sondern als »wahr«. Protestanten nennen sie »Bekenntnisse« – meinen aber dasselbe: Schluss mit lustig.

Zumeist sind diese Dogmen über Jahrhunderte gewachsen, oft auch in der Auseinandersetzung mit anderen Religionen oder Konfessionen. Grundregel aber lautet: Die eigenen sind immer die Wahrheit. Christen mit davon abweichenden

Vorstellungen gibt es aber natürlich auch immer. Die nennt man dann einfach »Häretiker« oder noch besser: »Ketzer«. Es handelt sich dann um »Irr-Gläubige«. Nicht so schlimm wie ein echter Heide, aber dennoch im Irrtum. Gewissermaßen wie das jüngste Kind, das im Familienkreis den Sonderstatus des Nesthäkchens genießt und sich deshalb immer alles erlauben kann. Baut permanent Bockmist, wird aber trotzdem geliebt.

Ein Dogma war ursprünglich eine Art kaiserlicher Erlass oder ein philosophischer Lehrsatz. Es ist eine Überzeugung, die durch eigene Erfahrung oder durch eine Autorität unumstößlich geworden ist. Oder beides. Argumente spielen aufgrund mangelnder wissenschaftlicher Grundlagen in Glaubensfragen aber eher eine untergeordnete Rolle.

Als Christ ist man ja zumeist eben Mitglied in einer der Kirchen. Und ausgerechnet dadurch verdammt. Und zwar dazu, sich mit ebendiesem uralten Wertekanon auseinandersetzen oder ihn gar vertreten zu müssen. Darunter viele Dogmen. Und noch mehr andere Richtlinien. Die deutsche Straßenverkehrsordnung ist nichts dagegen.

Zum Verständnis dieser Regelungen reicht die Lektüre der Bibel zumeist nicht aus – zumal die erst im dritten Jahrhundert zusammengestellt wurde und etliche zweifelhafte Passagen enthält. Wie umgekehrt durchaus valide Quellen für nicht kanontauglich gehalten wurden und daher außen vor bleiben mussten. Wie zum Beispiel nahezu alle Texte, in denen Frauen eine Rolle spielten.

Viele, viele Auseinandersetzungen darüber, was nun im christlichen Sinne sinnvoll und richtig ist und gewisslich wahr, entstanden erst im Laufe der Jahrhunderte. Das war gewissermaßen *doing by learning*. Oder wie es unsere Bundesregierung während der Corona-Lockdowns sehr oft nannte: »Fahren auf Sicht«.

Es wurden kirchlicherseits Kriege geführt oder sogar angezettelt, Päpste gestürzt und Bibliotheken in Brand gesetzt, um der Wahrheit zum Sieg zu verhelfen. Beziehungsweise dem, was man dafür hielt. Atemberaubend. Und das alles nur, weil die Bibel nicht präzise genug war und man darin keine Aussagen finden konnte zu den Rechten unehelicher Kinder mit Thronfolgern fremder Staaten, die einer anderen Religion angehörten. Oder zur Oder-Neiße-Grenze oder zu Fragen der Reaktorsicherheit. Mangels klarer Anweisung durch den Heiligen Geist mussten solche Fragen dann mehr oder weniger analog geklärt werden; auf mehr oder weniger friedliche Art. Und dann aber wirklich endgültig. Bis zum nächsten Mal.

Sind drei nicht einer zu viel?

Apropos Heiliger Geist: Eines der größten Mysterien und gleichzeitig eine der härtesten Ansagen des Christentums ist die Trinität. Dreieinigkeit – ein Widerspruch in sich. Jeder Mensch mit WG-Erfahrung weiß: Das geht nicht. Und jeder Historiker wird bestätigen: Wo mehr als zwei Wesen zusammen sind, gibt es keine Einheit. Niemals. Daher hat sich die Menschheit ja durch verschiedene Staatsformen gekämpft, bis sie zum Schluss kam: Demokratie ist das beste aller Systeme. Man versucht gar nicht erst, Einigkeit herzustellen, es entscheidet einfach die Mehrheit, fertig.

Gott aber ist ja kein Mensch, er ist ein höheres Wesen. Er sollte allwissend sein und allmächtig, das gehört zur Job-Beschreibung. Schwer vorstellbar, dass er nicht immer seiner eigenen Meinung wäre. Und abstimmen lassen müsste.

Diese Frage der auch sogenannten Dreifaltigkeit war aber wohl die erste, die offiziell dogmatisch geklärt wurde. Offenbar kam der christliche Glaube im griechisch-römischen Raum ja gut an. Aber wenn die Rede war von Gott Vater, Sohn UND Heiliger Geist, muss doch in den Gemeinden seinerzeit einfach sehr oft ein großes Fragezeichen aufgeleuchtet haben. Oder es gab ein akustisches Signal: »HÄH?«.

Es gab dazu auch offenbar viele unterschiedliche Theorien, wie man sich die göttliche Drei-Ein-Heit vorstellen könne. Von Hierarchien, Manifestationen und Zuständigkeiten war die Rede. Ein Knoten, der sich einfach nicht lösen ließ. Und so gingen tatsächlich irgendwann sogar Presbyter, Priester oder Bischöfe aufeinander los, teilweise gar mit körperlicher Gewalt. Erst ein Machtwort von Kaiser Konstantin im vierten Jahrhundert sorgte dafür, dass man zu einer Entscheidung kam. Dazu traf man sich in der Türkei, einer traditionell entscheidungsfreudigen Region. In Nicäa, dem heutigen İznik, erklärte man nach langer Beratung die komplizierteste aller denkbaren Varianten zur verbindlichen Wahrheit. Um des lieben Friedens willen. Das kennt der eine oder die andere von zu Hause.

Seien wir ehrlich, Trinität ist nicht zu vermitteln. Wie soll man erklären, dass ein Mensch der Sohn Gottes sein kann, ohne dass er selbst überirdisch ist, also eben kein im antiken Sinne klassischer »Held«!? Schwierig.

Wenn es einen »Vater« gibt, wer ist die Mutter? Und wieso gehört die nicht zu Gott? Erbt der Sohn eines Tages alles? Oder ist er gewissermaßen der himmlische Prinz Philipp und Gott ist die Queen? Puh.

Wieso überhaupt Gott aus drei »Teilen« besteht? Die zusammengehören, aber doch nicht identisch sind? Schwierig.

In Deutschland wäre das eine GbR, individuell handeln, gemeinsam versteuern, als Gesellschaft bürgerlichen Rechts. Womöglich befreit von der Last der Umsatzsteuer.

Nein: Das alles kann man beim besten Willen nicht erklären. Das muss man glauben. Insbesondere die Trinität hat weise Männer über Jahrhunderte beschäftigt. Mit Verlaub: klassischer Fall von »zu viel Zeit«.

In der Folge bewegte diese und andere Herren auch die Frage: Wie konnte Maria schwanger werden und gleichzeitig unschuldig bleiben!?! Schwierig. Wie konnte der Heilige Geist ihren Leib befruchten, ohne ihn zu berühren?! Schwierig. Wurde Maria selber eigentlich unschuldig empfangen und geboren? Puh. Wenn Jesus empfangen wurde, gab es ihn dann also vor Weihnachten gar nicht? War Gott also bis dahin nur ein Duo? Puh. Ist Jesu Vorhaut, die während seiner Beschneidung von ihm getrennt wurde, nach seiner Auferstehung dennoch mit ihm gen Himmel aufgefahren? Puh.

Jahrhunderte beschäftigte sich die Kirche mit diesen Detailfragen. Jede Partei fand jeweils dazu passende Bibelstellen, es war eine Qual. Nach der Trinität kam erst mal Maria dran, danach ihre Mutter und der Rest ihrer Familie und damit auch Jesus. Und mehrere hundert Jahre, nachdem diese alle die Erde verlassen hatten, beschloss man, wie und wer sie genau gewesen waren. Wer jetzt noch behauptet, Theologie wäre keine Wissenschaft, ist ein Zyniker. Das Gegenteil ist offenbar der Fall: Nur hier sind dem Denken keine Grenzen gesetzt.

Irgendwann hatte man kirchlicherseits aber wohl den Eindruck, nun hätte man aber wirklich alles geklärt und entschieden. Um die Wirksamkeit all dieser Beschlüsse zu erhöhen, griff die katholische Kirche zu einem Trick: Der Papst wurde für unfehlbar erklärt. Damit wurden alle Dogmen gewissermaßen auch rückwirkend noch mal bestätigt. Ende des 19. Jahrhunderts war das erst. Quasi: Blankoscheck. Erstaunlich wenig Zeit haben die Dogmatiker – genau wie später im Bereich der

Computertechnologie die Informatiker – allerdings verwendet auf die Frage des praktischen Nutzens für die Anwender. Die Themen der normalen Menschen waren ihnen vermutlich nicht kompliziert genug.

Alles hat ein Ende

Deshalb blieb denn doch die eine oder andere Frage ungeklärt. Gerade beim *Main Selling Point* des Christentums: Ewiges Leben, hinterm Horizont gehts weiter, das ist noch nicht das Ende, es gibt ein Jenseits von Eden, da wird sich alles auszahlen, spätestens dort wirst Du feststellen, dass wir in allem recht hatten … Das war es dann aber auch. Mehr weiß man nicht. Beziehungsweise: Viel mehr hat man nicht zur Wahrheit erklärt. Klar ist eigentlich nur: Das ewige Leben wird nie beweisbar sein. Doch wer auch immer darauf kam, dass es nach dem Tod und außerhalb der sichtbaren Welt noch etwas gibt – sensationelle Idee.

Der Tod gilt nämlich für den Menschen als ultimative Grenze. Darüber wird nicht diskutiert: Jedes Leben endet irgendwann, fertig. Schon im Alltag gibt es ja diese kleinen Grenzerfahrungen. Wer kennt es nicht, das kleine sogenannte »Jenseits«. Dass man abends nach Hause kommt und sagt: »Mann, bin ich hinüber!«.

Esoteriker wiederum denken in so einer Verfassung vermutlich: »Mann, bin ich hier und jetzt!« Das muss für sie total frustrierend sein. Für Esoteriker gibt es nämlich keine Grenzen. Deshalb gehen sie ja auch immer allen so auf die Nerven. Die behaupten nämlich, sie stürben nicht, sondern kämen wieder und wieder. Damit man das nicht überprüfen kann, wechseln sie geschickterweise ihre Erscheinungsform: Sie leben erst als

Feuerqualle, dann als Pantoffeltier, schließlich als Vollpfosten und so weiter. Tod ist für diese Menschen offenbar nichts Furchteinflößendes, sondern lediglich eine lästige, stets wiederkehrende Pflicht, wie der tägliche Weg ins Büro. Sie haben ihre »achtsame Selbstpflege« zu verrichten und werden damit natürlich nie fertig. Das ist auch ein interessantes Konzept, quasi: Ewig stirbt das Murmeltier.

Für die meisten Menschen gilt der Tod dagegen als »alternativlos«, wie Kanzlerin Merkel das genannt haben würde. Gefürchtet wird er insbesondere für seine brutale Unausweichlichkeit – wir können nichts dagegen tun! Zu versuchen, unser Leben mit allen Mitteln zu verlängern, ist die einzige Option. Kein Alkohol, keine Drogen, kein Fleisch, viel Sport … Problem ist: Das Leben kommt einem dadurch nur länger vor. Und wer will das schon!?! Nein, gegen den Tod kann man nichts tun. Wenn man eine Spinnenphobie hat, kann man putzen. Wenn man Angst hat vor dem Herbst, kann man in die Sonne fliegen. Aber der Tod ist wie die FDP: furchtbar, geht aber einfach nicht weg.

Angst haben wir insofern vielleicht wirklich weniger vor dem Tod selbst, wir akzeptieren seine Existenz vielmehr als gegeben. Wir fürchten uns eher vor seinem Eintreten. Diese Formulierung darf hier durchaus wörtlich genommen werden: Derjenige, der eintritt, ist schließlich die europäische Verkörperung des Todes, der sogenannte »Sensenmann«. Dessen »Besuch« wir fürchten. Wobei »Besuch« eine ziemlich unpassende Beschreibung ist. Ein Euphemismus. Wie »im Krieg gefallen« oder »Hostess«.

Der Tod kommt natürlich nicht zu Besuch, trinkt einen Kaffee und geht dann wieder. Der bringt auch keine Blumen mit – das lässt er die anderen machen. Außerdem kündigt er sich meist nicht an. Er taucht vielmehr irgendwann unvermittelt auf, wann es ihm passt, vielleicht mitten in der Nacht oder – sehr perfide – kurz vor der Sportschau. »Hallo, Mensch, ich war sowieso gerade in der Gegend …« Von wegen Besuch: Der Sensenmann kommt auch nicht unbedingt nach Hause, der folgt einem überallhin und schlägt zu, wann und wo und wie es ihm passt. Der geht mit seiner Klinge durchaus auch zum Friseur oder ins Bordell – und nimmt Dich mit. Präfinal. Von Besuch kann wirklich nur die Rede sein, wenn er ins Krankenhaus kommt. Das macht er allerdings öfters, denn das liegt sozusagen auf seinem Weg.

Aber das ist doch nach wie vor unsere Vorstellung vom Tod: der Schnitter, total erschreckend, ein Skelett mit Umhang. Und mit einer Sense – was im Mittelalter in einer bäuerlichen Gesellschaft noch als Schreckensvision angemessen gewesen sein mag, obwohl schon damals nicht sonderlich viele Menschen bei der Feldarbeit ihren Kopf verloren haben dürften. In der modernen Großstadt aber ist diese Vorstellung definitiv überholt, es sterben eindeutig mehr Menschen zum Beispiel an einem durch ein elektrisches Gerät ausgelösten Stromschlag. Allerdings würde es natürlich den Schrecken des Todes deutlich verringern, wenn er plötzlich nicht mehr mit der Sense vor der Tür stünde, sondern mit einem Föhn.

Jenseits aller Vorstellungen

Wir wissen nicht, wann der Tod kommt. Und wohin. Und wir wissen auch nicht, was nach dem Tod kommt. Umso mehr hätte man hier per Dogma punkten können. Der religiöse Clou ist, zu glauben, dass da etwas ist. Sein wird. Kommen wird. Aber was zur Hölle!?! Nun sind das ja schon wichtige Fragen: Mal vorausgesetzt, es gibt ein Jenseits, einen Himmel – wie kommt man da hin? Und: wann? Wenn man gestorben ist? Oder erst am Ende der Welt? Wird man bis zum jüngsten Gericht sozusagen geparkt? Im christlichen Glaubensbekenntnis heißt es: Wir glauben an das ewige Leben und die Auferstehung der Toten. Das ist doch sehr allgemein gehalten. Klingt so ein wenig nach Volksbank: »Wir machen den Weg frei«. Danke! Ich stehe trotzdem im Stau!

Ewiges Leben – diese Perspektive bekommt angesichts der letzten Studien zum Thema Altersarmut doch auch langsam echte Kratzer. Wer will das denn ewig haben? Es sei denn, es gäbe eine Art Zwischenabrechnung, durch den sich der eigene soziale Status womöglich ändern könnte. Ansonsten lehnen bestimmt zumindest jene Menschen existenzverlängernde Maßnahmen ab, die ihr eigenes Leben ohnehin nur als »künstliches Koma« empfinden.

»Auferstehung der Toten« wiederum halten die Kids bestimmt für die deutsche Fassung eines Horror-Films namens »*Rise of the dead*«. Und das könnte der Sache durchaus nahekommen – denn Teil des Konzepts »Jenseits« ist ja, dass es dort besser sein muss als hier. Sonst lohnt es sich nicht. Daraus wird für manche ein regelrechter Rachefeldzug – die zu Lebzeiten Spaß hatten, werden drüben dafür auf ewig bestraft. In anderen Worten: Ätsch. Wer hier böse war, muss drüben brennen. Konsequenterweise wurde das Jenseits daher auch zur Zwei-Klassen-Gesellschaft wie das Diesseits: Oben die einen, unten die anderen. Nur idealerweise drüben umgekehrt wie hüben.

Das christliche Jenseits-Konzept muss man allerdings in dieser Hinsicht als nicht besonders attraktiv bezeichnen. Vielleicht kommst Du in den Himmel, jo, dann werden Dir aber erst mal Deine Geschlechtsteile abgenommen und Du bekommst 'ne

Harfe in die Hand gedrückt. Fertig. Und ewig nur singen und jubilieren und preisen. In höchsten Tönen. Auf viele wirkt das doch ein wenig lahm. Da ist ja sogar in der Hölle mehr los. Es gibt im Himmel offenbar nichts zu essen oder zu trinken, gefeiert wird auch nicht (gut für Protestanten!), aber auch keine andere Form von Sinnlichkeit oder Schönheit ist erkennbar. Das ist für viele doch keine echte Alternative zu ihrem bisherigen Leben. Beziehungsweise sogar noch eintöniger.

Da hat der islamische Mitbewerber mit seinen Dutzenden von Jungfrauen durchaus die deutlich attraktivere Variante entwickelt – zumindest für die Zielgruppe: Arbeitslose, heterosexuelle, ungebildete Männer. Dafür ist dort das weibliche Geschlecht allerdings außen vor, es sei denn, sie verdingen sich wiederum als Jungfrau.

Wie man in den Himmel kommt, wurde und wird tatsächlich auch kirchlicherseits nicht ausführlich vermittelt – ein schwerer Fehler, spielt doch der praktische Nutzen in der modernen digitalen Gesellschaft eine entscheidende Rolle. Auch und gerade in seinem Verhältnis zum Aufwand. Insofern wäre es von großer Bedeutung, zu wissen, ob es reicht, zu glauben, um im Anschluss an das eigene Leben auch garantiert in die nächste Stufe versetzt zu werden. Oder ob man sich auch noch ordentlich benommen haben oder eine bestimmte Zahl Sozialstunden geleistet haben muss. Vielleicht reicht auch die Kirchenmitgliedschaft. Der Kirchensteuerbescheid. Der Besuch von mindestens einem Gottesdienst pro Lebensjahr. Wie bei den Drogerien unserer Kindheit nachgewiesen durch Marken im sakralen Rabattheft. Vielleicht müssen wir nach unserem Tod erst mal ein kompliziertes Prüfungsverfahren durchlaufen, Herz und Nieren, Multiple Choice. Vielleicht werden wir einfach gescannt. Keiner weiß es.

Vielleicht werden wir ja ohnehin erstmal geparkt. Nach unserem jeweils individuellen Ableben – bis zum jüngsten Gericht. Als Deutscher hofft man auf ein ordnungsgemäßes Verfahren, mit begnadeter Verteidigung. Eine Frist zur Vorbereitung wird es ja nicht geben, insofern wenigstens ein freundliches Plädoyer. Vielleicht bekommt man ja auch Bewährung und darf wieder zurück – wer weiß es.

Vielleicht reicht einfach der Glaube. Wenigstens das werden wir sehen. Das ist gewisslich wahr.

Als Protestant sage ich: Der Glaube wird reichen. Und das werden wir sehen. *Sola fide*. Der Rest ist Bagatelle. Klar: Ewiges Leben klingt für manche wie eine Drohung, für andere aber wie die letzte Hoffnung. Eine offene Zukunft wäre schon mal ein gutes Versprechen, kein Vertrösten. Das wäre eine heilvolle Vorstellung – und damit eine Alternative zu den dystopischen Fantasien der letzten Jahrzehnte: Klimakatastrophe, Finanzkrise, Pandemie. Christen könnten von einer Zukunft sprechen, in der nicht alles immer schlimmer wird. Sondern von einer, für die es sich zu leben lohnt. Es wäre vielleicht gut, damit zu beginnen – und zwar möglichst vor dem jüngsten Gericht. Wie wäre es mit jetzt!?

Ausguck

In Deutschland kann man in den letzten Jahren durchaus den Eindruck gewinnen, wir wären ein chaotisches Land und völlig unterreglementiert. Ständig wurden und werden Verordnungen und Gesetze erlassen, als wären wir ein wilder Haufen und man müsste mal Ordnung in den Laden bringen. Eigentlich lief es bei uns allerdings ziemlich gut und man muss sich über den Kontrollzwang unseres Gesetzgebers und auch den der Europäischen Union ziemlich wundern. Es gibt nur wenige Lebensbereiche, in denen nicht schon lange alles Erforderliche zufriedenstellend geregelt war.

Auch während der Pandemie war dies zu sehen: Politik und Verwaltung machten sich teilweise lächerlich, weil sie sich um kleinste Detailfragen stritten. Auch die unwahrscheinlichsten Szenarien sollten noch durchgespielt und genauestens geregelt werden. Der Bürger aber bekam den Eindruck, man nähme ihm auch noch die letzten Freiheiten.

Ähnlich geht es uns ja mit der Kirche auch. Nach vielen Jahrhunderten ist alles gedacht, alles schon mal besprochen und alles schon mal irgendwie entschieden worden. Und dennoch werden weiterhin Probleme gewälzt, Regeln präzisiert und Diskussionen wiedereröffnet.

Vielleicht könnten wir damit aufhören, Glauben immer zu lehren. Zu erklären. Durchdringen zu wollen. Ein wenig mehr kindliche Simplizität. Ein wenig mehr sonnige Lebensfreude. Das würde schon helfen.

Die Allgemeinbildung ist ohnehin rückläufig, insofern können wir bald sowieso nichts mehr voraussetzen und werden ohnehin mehr und mehr von vorn beginnen müssen. Eschatologie oder Trinität werden daher sicher im Außenauftritt nicht die ersten Fragen sein, die uns im Gespräch gestellt werden. Ja, wir werden feststellen, mit wie vielen hochgradig komplexen theologischen Fragen wir sogar unsere Zeit vergeudet haben in der Vergangenheit. Ohne Kirche, ohne Apparat, ohne das Amt und seine Träger gilt vielleicht in der Zukunft: *Keep it simple, make it strong.*

9

»OH OHR VOLL BLUT UND WUNDEN« MUSIK

Christliche Religiosität bringt man ja vielfach mit Musik in Verbindung. Warum eigentlich? Das Herkunftsland unseres Glaubens ist die römische Provinz Judäa. Diese Region ist jetzt aber nicht unbedingt für ihre musikalischen Erfolge bekannt. Oder hat schon mal jemand dort das Grab eines weltberühmten Komponisten besucht? Stand wenigstens ein Popstar aus Galiläa mit seinem neuen Album wochenlang weltweit an der Spitze der Charts? Abgesehen vom *One Hit Wonder* Ofra Haza und ihrer Single »Im Nin'alu« im Jahre 1988 ist zumindest mir nichts Derartiges erinnerlich. Und selbst dieser Song war wohl ursprünglich ein jemenitisches Volkslied mit der simplen Botschaft »Es gibt immer einen Weg«. Ein echter Ohrwurm für Nomaden.

Und bevor hier Klagen kommen und jemand auf »Nazareth« verweist: Diese Band stammt aus Dunfermline. Das wiederum liegt in Schottland. Und der 2021er-Song *Jerusalema*, zu dem unter anderem Mitarbeiterinnen und Mitarbeiter der Berliner Verkehrsbetriebe zu tanzen versuchten? Aus Südafrika. Tja.

Vom Summen und Brummen im Paradies

Woher also kommt die enge Verbindung von Christentum und Musik? Und seit wann gibt es sie? Hat Jesus überhaupt selber gesungen? Die Jünger? War das etwa ein zwölfköpfiger Männerchor? Das wäre mal eine Vorstellung: Die Apostel ziehen am Vatertag mit ihrem Bollerwagen um den See Genezareth und singen »Hoch auf dem gelben Wagen«! – So schön die Vorstellung auch ist: Dem dürfte kaum so gewesen sein.

Menschheitsgeschichtlich schon früh verbreitet war Gesang natürlich schon. Gerade die Leier zum Zupfinstrument als individueller Ausdruck insbesondere von sexueller Sehnsucht: Gesungen von einer Frau, die sich beklagt, weil ihr Liebster nicht vor Ort ist, oder einem Mann, der die Frau neben sich verführen möchte, wozu in der Regel auch schon der schlichte Besitz einer Gitarre ausreicht. Sie auch noch bedienen oder dazu passend singen zu können, ist eher selten erforderlich, von einem sinnvollen und gereimten Text ganz zu schweigen. Ein Phänomen, das periodisch wiederkehrt und uns auch aktuell in der Ausdrucksform Singer / Songwriter wieder beschäftigt. Beziehungsweise nervt.

Musik ist sinnlich. Sie gilt als allgemein menschlicher Ausdruck von Emotionen, viel mehr als das geschriebene oder gesprochene Wort. Der Kabarettist kann sich den Mund fusselig reden, brillant sein, lustig und intelligent – sobald die A-cappella-Gruppe die Bühne betritt und den ersten Akkord ihres uralten, verstaubten Udo-Jürgens-Medleys anstimmt, ist er vergessen. Besonders auf evangelischen Kirchentagen und Gastspielen am oberen Niederrhein.

Musik ist Emotion. Insofern wurde natürlich auch schon immer religiös gesungen – denken wir nur an den Psalter im Alten Testament. Hochemotionale Lieder, hier wird gelitten und begehrt, gejammert und verehrt. Insofern werden auch die frühen Christen sicherlich gesungen haben, womöglich aber nicht chorisch, sondern nur liturgisch und sogar vereinzelt – schließlich gab es weder einen klaren Rhythmus, noch Tonarten, noch eine Form der Notation. Bestimmt gab es Versuche, aber keiner war von Erfolg gekrönt. Jede und jeder sang also irgendwie so vor sich hin. Das wird teilweise nicht schön gewesen sein. Also, so musikalisch.

Die Musik der frühen Christen dürfte oft geklungen haben wie der Auftritt von Madonna 2019 beim Eurovision Song Contest in Tel Aviv (!), als sie offenbar ihr Playback nicht hören konnte und unabhängig von Tonart und Melodie zu improvisieren begann. Ihr Gesang entwickelte eine Art atonales Eigenleben.

Ich lebte lange Jahre mit einer solchen Madonna-ähnlichen Person unter einem Dach. Die liebte die Musik, aber die Musik liebte sie nicht. Sie sang immer lauthals mit, aber immer falsch. Und nicht auf die offenkundige Art, nein, nur so einen besonders schmerzlichen Viertelton zu tief. Oder zu hoch. Es war eine sehr unglückliche und einseitige Beziehung. Unmusikalischen Menschen sei die Wirkung solchen Gesangs erklärt mit der eines Bohrers beim Zahnarzt. Es ist diese nicht enden wollende, leicht surrende Vibration im Kopf, begleitet von einem sehr unangenehmen Pfeifen im Mittelohr.

Im Himmel wird ja auch gesungen werden. Unsere Jenseitsvorstellung sieht das jedenfalls zwingend vor. Klare Reihenfolge: Erst werden die Geschlechtsteile abgenommen, dann wird Dir ein weißes Tuch in die Hand gedrückt – und abschließend eine

Harfe. Und dann los. Mein persönlicher Alptraum ist, dass ich in den Himmel komme und feststellen muss: Auf der Wolke neben mir sitzt Madonna. Und singt drauflos. Die Ewigkeit verbringen zu müssen neben einem Menschen mit Vierteltonschwäche brächte mich zur Raserei. Das Resultat wäre der erste Amoklauf im Jenseits.

Musik hatte ursprünglich mit unserem Glauben nicht besonders viel zu tun. Noch im vierten Jahrhundert empfiehlt Kirchenvater Johannes Chrysostomos der christlichen Familie zwar das Singen »heiliger Lieder« nach den Mahlzeiten, erklärt die Benutzung von Instrumenten aber für überflüssig. Die offensichtlich verdauungsfördernde Wirkung von Musik ist offenbar aber noch nicht genau genug untersucht worden.

Auch aus den ersten Missionsgebieten im griechischen und römischen Raum sind insofern wenige Ereignisse überliefert, in denen gemeinsam gesungen oder musiziert wurde. Im Gegenteil – diese Kulturen gelten doch zumeist als eher geistig orientiert. Wer es sich leisten konnte, flanierte in wallenden Gewändern umher und philosophierte. Oder setzte sich auf einen Pfahl und dachte laut nach. Oder lag zu Tisch – einer Position, in der Gesang schon physiognomisch quasi ausgeschlossen ist. Die Musik des sinnlos in der Ecke vor sich hin leiernden Troubadix hatte auch keinen kulturellen oder gar religiösen Wert. Vermutlich sollte die auch eher abführende Wirkung haben, ein angesichts der eigenen Bewegungsarmut nicht zu unterschätzender Effekt. Das niedere Volk wiederum wurde offenbar aber sowieso mit ganz anderen, eher derben Späßen unterhalten, wie Hinrichtungen oder Gladiatorenkämpfen. Die eine oder andere Arena wäre also zwar vorhanden gewesen, auch Sponsoren für deren Namensrechte hätten sich sicher finden lassen: »Diese Hinrichtung wird Ihnen präsentiert von:

Seitenbacher Guillotinen!« Aber von Chorkonzerten oder Auftritten von Musik-Kapellen ist wenig bis nichts überliefert.

Was es gab, waren Fanfaren – deren Klang aber war insbesondere für die frühen Christen zumeist kein gutes Zeichen, wurden doch damit in der Regel die Löwen zum Essen gerufen. Diese einfachen Blechblasinstrumente hatten schon damals denselben Effekt wie heute: Andere zu erschrecken, ähnlich einer Hupe oder einem Horn. Es wird geblasen, um zu warnen. Beziehungsweise, wie es Josua praktizieren ließ, um direkt grußlos zu zerstören. Oder um, wie in vielen Jazzrockproduktionen, die eigenen Mitmusikanten aus der Fassung zu bringen. Beziehungsweise aus dem Takt.

Auch Holzblasinstrumente gab es zu biblischen Zeiten schon. Allerdings weiß niemand, warum sich jemand in menschlicher Frühzeit einen hohlen Stock in den Mund steckte, um hinein zu pusten. Womöglich, um diesen als geräuschlose Waffe einzusetzen und einen Stein oder einen vergifteten Pfeil auf den Feind abzufeuern. Wie groß muss der Schreck gewesen sein, als dies misslang und plötzlich der ersten Flöte ein Ton entwich. Vermutlich kapitulierte der Gegner umgehend, hatte er doch noch nie etwas Schlimmeres gehört.

Anders als bei den Posaunen sorgten diese schrillen Blasrohre nicht für zusammenstürzende Palastmauern, sondern für platzende Trommelfelle. Die Flöte ist ja bis heute ein Instrument, das tunlichst nur zur Abrichtung von Hunden genutzt werden sollte, die auf deren Frequenzen bekanntlich so richtig abgehen.

Apropos Trommelfell – auch geschlagen wurde schon früh, schon zu Moses' Zeiten, wenn auch nur teilweise rhythmisch. Musik hatte sicher vielfach schon immer auch den Charakter des Militärischen. Sie sollte ordnen, große Kampfgeschichten überliefern und die Sage des Siegers erzählen. Und sie sollte Langeweile vertreiben, auf langen Fußmärschen oder an kalten Nächten in der Wüste. Monotonie ist schließlich ein Tabu-Thema bei Nomadenvölkern.

Also: Bei den frühen Christen gab es weder musikalische Früherziehung noch eine breite Schulbildung, kein umfassendes Wort- oder Notenwerk, geschweige denn technische Hilfsmittel wie heute. Damals konnte man sich zumeist noch nicht mal darauf einigen, wann die Hauptstimme nach oben und wann nach unten verlaufen sollte. Und ob überhaupt. Insofern wurde auch in der frühen Christenheit vermutlich nicht zusammen gesungen, sondern, wenn überhaupt, vor und nach. Einfache Kirchenmusik.

Liturgie und Litanei

Im Laufe des Mittelalters entwickelten sich verschiedene Liturgien, die endlich Ordnung in den Gottesdienst und die Gesänge brachten: unter anderem die ambrosianische, die römische, die mozarabische und die gallikanische. Warum man die nicht mehr kennt? Vermutlich aus denselben Gründen, aus denen auch Bands wie Snap oder Operetten aus Südkorea sich letztlich nicht durchgesetzt haben.

Dabei sind liturgische Gesänge keine sonderlich anspruchsvolle Form der Musik. Das kann man daran erkennen, dass sie auch in Fußballstadien angewendet werden. Meist einstimmig, mit einfachem Text, kurze Folgen, vorgetragen von einem Vorsänger, mit Wiederholungen – das kann jeder, selbst Menschen mit Alkohol-Hintergrund. Und damit meine ich nicht Priester. Aber »Halleluja, Halleluja …« geht immer. Genau wie »Schalalalaaaa …«.

Komplexere musikalische Folgen waren lange unvorstellbar. Vor allem waren die Notenfolgen nicht zu verschriftlichen und galten daher ohnehin als dem Vergessen preisgegeben. Kirchenvater und Bischof Isidor von Sevilla behauptete in seinen Etymologiae (um 625) daher, es sei unmöglich, Musik zu notieren: »*Nisi enim ab homine memoria teneantur, soni pereunt, quia scribi non possunt*«. Heißt: »Wenn sie nämlich nicht vom Menschen im Gedächtnis behalten werden, vergehen die Töne, weil sie sich nicht aufschreiben lassen.«

Vielleicht fand christliche Musik auch deshalb lange nur im Kloster statt, weil sie monoton, atonal oder schlicht schwer zu ertragen war. Das war nur was für Hartgesottene. Die man sozusagen »ins Studio« schickte, um dort erst mal zu üben und eine Form gemeinsamen Gesangs zu entwickeln, zu der alle Zugang haben konnten. Was aber noch sehr lange dauern sollte.

Über Jahrhunderte beschränkte man sich auf liturgisches Summen. Mehrstimmiger Gesang, wenn es ihn denn gab, kam mit sehr einfachen Intervallen aus. Schon eine Quinte galt als abenteuerlich. Und die gregorianischen Gesänge als Sensation. Es handelte sich um eine Form von liturgischem Brummen, das von vielen Gemeinden während der pandemischen Gottesdienste mit Gesangs-Verbot wiederentdeckt wurde.

Erst im Laufe des Mittelalters gelang es dann wirklich, gemeinsame Rhythmen festzulegen und Melodieverläufe, sogenannte Neumen. Und diese gar zu verschriftlichen. Erst damit war der Grund gelegt für Reproduktion von Musik. Und ihre Harmonisierung. Erst damit wurde sie wirklich erträglich – zumindest teilweise. Und auch für andere.

Damit entstand auch der Chor im Sinne von: Mehrstimmigkeit. Und zwar eine, die sich nicht dadurch ergab, dass alle sangen, was sie wollten – ein sogenanntes Quodlibet –, sondern eine vorsätzliche und gewollte. Die durchaus harmonisch geklungen haben dürfte und das auch jedes Mal.

Die einfachen Leute außerhalb der Klöster amüsierten sich aber weiter auf den Märkten, immer noch zum Klang von Laute oder Trommel, mit simplen Texten, die von der Liebe handelten und vom Krieg. Und die zumeist noch nicht aufgeschrieben, sondern mündlich weitergetragen wurden. Die sogenannte Volksmusik war aber meist so schmissig, dass das auch möglich war. Denken wir nur an »Schwarz-braun ist die Haselnuss« oder »Er gehört zu mir«. Man nennt so was Ohrwürmer.

Geschlossene Gesellschaft: Geistliche Musik

Im Laufe der Jahrhunderte wurden die Höfe und Klöster immer prunkvoller. Doch während die Bauern auf ihren Feldern ihre Ohrwürmer sangen, langweilten sich die Fürsten und Mönche in ihren vergoldeten Sälen und Kirchen. Praktischerweise hatten der Adel und der Klerus die Macht und das Geld und die Infrastruktur, um viel aufwendigere Musik komponieren, arrangieren, produzieren und aufführen zu lassen – quasi die komplette Verwertungskette in einer Hand. Von der GEMA hatte noch nie jemand gehört. So wurde die Instrumentierung komplexer, die Notation ebenfalls – und die Inhalte bezogen sich in der gehobenen Umgebung natürlich auf die angemessen ganz großen Themen von Schuld und Sühne: Die geistliche Musik war entstanden.

Vielleicht schämten sich die ersten beiden Stände auch für die eigene Völlerei und ihren Reichtum und betrachteten die Finanzierung von geistlicher Musik als eine Art Buße. Teilweise klingen die Oratorien jedenfalls so. Oder ihre Aufführung dauert derart lang, dass man als Zuhörer danach zur Belohnung ohne Gerichtsverhandlung direkt in den Himmel kommen müsste.

Komponisten wie Bach, Händel oder Mozart waren in der Regel hochqualifizierte Musikbeamte, sie wurden bei Hofe oder am Bischofssitz eingestellt und bezahlt. Und hatten deshalb Zeit. Wie ihr Publikum auch. Wenn man sich heute ein klassisches Musikstück herunterladen will, braucht man schon allein dafür viel Geduld. Und einen Breitband-Anschluss.

Aufgrund der Länge der Stücke sind Oratorien und Kantaten von Bach und Co. heute sowieso nur noch schwer vermittelbar. Insbesondere die Jugendlichen sind inzwischen ganz anders getaktet: Wenn man den Fernsehmachern glauben darf, schaltet das Gehirn der 14- bis 20-jährigen heute schon nach anderthalb Minuten ab. Die funktionieren wie Computer: Wenn man die Festplatte nicht stimuliert, fährt sie auch irgendwann runter, in den sogenannten Ruhezustand. Allerdings bei einem durchschnittlichen PC erst nach acht Minuten. Die H-Moll-Messe allerdings dauert allein fast zwei Stunden und hat keine Werbepausen. Und man wird auch nicht wie im Radio alle drei Minuten daran erinnert, was man gerade hört, damit man nicht wegnickt.

Und der inhaltliche Tiefgang erst: Man kann geistliche Musik ganz schlecht nebenbei hören, beim Spülen oder Putzen. Man muss sich darauf konzentrieren. Man kann dabei meistens nicht mitsingen. Zumindest nicht ohne Irritation, wenn man zum Beispiel beim Feudeln und Fegen an die irdische Vergänglichkeit erinnert wird, weil plötzlich Hertels Passionsoratorium erklingt: »Staub, der sich wider Gott empört«.

Zu kompliziert darf die Musik für die heutigen Kids auch nicht sein, die halten ja einen Klingelton schon für polyfon. Von der Instrumentierung her ist geistliche Musik aber meist sehr aufwendig. Ganz oft mit großem Orchester, auch viel mit Chor.

Auch bei Konzerten passiert nichts, was den Begriff »live« verdient hätte. Alle Musikerinnen und Musiker, Sängerinnen und Sänger sind immer in Schwarz gekleidet. Hochgeschlossen. Alles sehr unsexy. Das Publikum wird zur Kenntnis genommen, mehr nicht. Da fragt keiner *»How do you feel?«* oder so. Getanzt wird nicht.

Die Ordner müssen niemanden ohnmächtig aus der Menge ziehen. Und wenn, dann nur wegen Altersschwäche. Zwischenapplaus ist total verpönt. Autogramme vor der Sakristei, After-Show-Party im angesagtesten Gemeindehaus der Stadt, eine Schütz-Session mit den begabtesten Cellisten des Landes – unvorstellbar. Es gibt kein Merchandising, kein Bier und keine Plakate mit der Aufschrift »Ich will ein Kind von Dir«. Höchstens in der katholischen Kirche. Da halten ja oft Leute Transparente hoch, dort allerdings meistens mit der Aufschrift »Ich bin ein Kind von Dir«, dies wiederum teilweise aber sogar während der Messe.

Pop, Pop, Populär

Christlicher Glaube und Musik waren eine mehr als enge Verbindung, ja. Doch dann lebte man sich auseinander.

Als Werkzeug zur Mobilisierung neuer, kirchenferner Zielgruppen sind Händels Oratorien heute leider nicht mehr als tauglich zu betrachten. Denn die Zielgruppe klassischer geistlicher Musik gehört altersbedingt ohnehin zu den Kirchgängern. Zukunft schafft man damit leider nicht. Die letzten Gottesdienstbesucher versuchen vermutlich nur, ihr Leben noch um ein Requiem zu verlängern. Das führt zu nichts.

Klassische Musik insgesamt existiert heute kaum noch in der deutschen Öffentlichkeit. Weltweit ist natürlich nun seit Jahrzehnten nunmehr Rock und Pop angesagt. Zu deren Wesen gehört es, dass sie kurze Stücke hervorbringt. 3,30 max. Höchstens drei Strophen, ein Solo, eine Bridge, Refrain, fertig. Also, da kann jeder folgen. Das ist praktisch. Das geht auch in der Waschstraße oder im Aufzug. Anders als bei geistlicher Musik werden in Pop und Rock auch meist keine großen Geschichten mehr abgebildet, keine Dramen, keine Urkonflikte. Nach einer fachlichen Qualifikation des Verfassers fragt ohnehin keiner, seine persönliche Überzeugung reicht völlig aus. Man muss kein Kulturpessimist sein, um festzustellen: Die textliche Qualität ist dabei durchaus eine gravierend andere. »Ach, mein Sinn, wo willst Du endlich hin. Wo soll ich mich erquicken?« (Johannes-Passion von Bach) – das ist reine Poesie, Klang, Subraum und Metaebene. Vergleichsweise einfältig dagegen klingt: »Nananananana Baby, nananana …«. Einer der größten Hits des Jahres 2020.

Das war wohl auch in früheren Zeiten schon so (s.o. Volksmusik). In den letzten Jahrzehnten aber haben die Kirchen vielfach versucht, diesen Schritt zur modernen und populären und schnellen Form der Musik mitzugehen. Unklugerweise unmittelbar nach Anschaffung dieser neumodischen Riesen-Orgeln, deren durchdringender Klang an sich schon einen religiösen Schauer über jedermanns Rücken jagt. Man kann mit einer Menge Pfeifen auf Tournee gehen, siehe »Die Söhne Mannheims«. Aber mit einer Orgel? Ausgeschlossen.

Insofern hat man dann doch christlicherseits junge Männer mit elektrischen Gitarren ausgestattet und oberschwäbische Backfische an Mikrofone gestellt. Teilweise wurden in kirchlichen Räumen sogar Schlagzeuge gesehen. Aber man muss konstatieren: Den Kampf gegen das Volkslied hat man verloren. Einfach, dumm, kurz und schmerzlos: Das kann Kirche nicht. Aber sie gibt nicht auf!

Ein Versuch war in den 1960er und 1970er-Jahren das NGL. Nicht zu verwechseln mit NLP. Letzteres heißt Neurolinguistische Programmierung und ist eine therapeutische Methode. Das erstere (Neues Geistliches Lied) macht den Besuch beim Psychologen erst notwendig. Wir haben es hier mit teilweise erschütternden musikalischen und textlichen Elementen zu tun, deren Simplizität zahlreiche Vertreter geistlicher Kultur in den Wahnsinn trieben, nähmen sie diese in irgendeiner Form zur Kenntnis. Da aber sei Gott vor.

Denken wir zum Beispiel an die »Feiert Jesus!«-Schnulzen, Folge 1 bis 27. Die Liederbücher dazu wurden von nahezu allen Jugendgruppen und -bands genutzt. Und werden es teilweise noch. Vergleichbar mit den Bravo Hits, jedes Jahr eine neue CD mit immer denselben Interpreten. Größter Hit vielleicht: »Jesus, berühre mich«. Michael Herbst, Theologieprofessor aus Greifswald, schreibt dazu: »Manchmal sind die Bilder verwirrend, die Texte kaum an Schlichtheit zu überbieten, die Sätze grob gezimmert, schlichte Liebeslyrik in mantraartiger Wiederholung.« Hier ist die Grenze zum Schlager tatsächlich überschritten.

Als Beispiel seien auch noch einige Klassiker des neuen geistlichen Liedes aus den letzten Jahrzehnten genannt: »Es ist keiner zu groß und keiner zu klein« – sicherlich für alle jungen Männer in der Pubertät ein tröstender Gedanke. Oder »Herr, Deine Liebe ist wie Gras und Ufer«. Gottes Liebe ist wie Gras!?! Was soll das heißen? Man kann sie in der Pfeife rauchen? Sie ist verboten? Man bekommt sie nur in Holland? Sie macht müde? Oder einfach nur: Sie ist grün? Und was bitte ist »wie Ufer«?

Schlick, Moos, Tang? Man rutscht aus, verheddert sich, bleibt hängen?

Leider blieb mir aufgrund meiner kirchlichen Kulturarbeit kein Abgrund erspart. Am nachdrücklichsten war allerdings ein ökumenischer Kirchentag, bei dem ich in einer Messehalle 5000 Christen dabei zusah, wie sie unter Anleitung eines älteren Herrn aus der Nähe von Münster einen von ihm komponierten Kanon sangen. Es handelte sich um einen der größten Erfolge dieses mittlerweile verstorbenen Mannes mit dem Strohhut. Und hier der Text: »Bück Dich, bück Dich, bück Dich für den Wurm. Du spürst das Kreuz des Friedens.« Mir steht immer noch der Mund offen wie damals in dieser Messehalle. Einige Momente lang dachte ich, ich würde nie wieder singen können. Oder überhaupt keine Töne mehr hören. Gewissermaßen religiöser Hörsturz. Doch zum Glück verging dieses Gefühl, nachdem ich im Anschluss meine blutigen Ohren dreißig Minuten mit Linkin Park ausgespült hatte.

Nein: »Sakropop« ist ein Widerspruch in sich. Zu schlichte Texte, zu wenig Wut, zu wenig Schmerz, zu einfache Akkorde, zu viel heile Welt. Zu viele freundliche zwinkernde Männer mit Gitarre, zu viele hüpfende Kinder, zu viele beseelte Frauen, die mit geschlossenen Augen Sphärentöne von sich geben. Man muss kein Prophet sein, um vorherzusagen: Das war nicht nur nichts, das ist auch nichts, und das wird auch nichts mehr werden. Christlicher Populärkultur fehlt der Abgrund. Und manchmal auch schlicht: die Liebe.

Aber keine Sorge: Wir werden dennoch alle weiterhin singen. Warum? Weil uns danach ist.

Ausguck

Als Christ singt man für sein Leben gern. Eine Kirche braucht man dazu in aller Regel nicht. Das geht auch unter der Dusche. Sollte man mehrstimmigen Gesang vorziehen, wird es dort meist zu eng – obwohl man dergleichen in den Sammelunterkünften auf Kirchentagen auch schon erleben konnte. Wem das nicht passt, der kann ja auch im Wald knödeln und auf dem Berg jodeln.

Vonnöten ist lediglich genug Platz. Und ja, wegen des Wetters vielleicht ein Dach, also ein Raum. Vielleicht sogar für eine Orgel. Mit einer angenehmen und angemessenen Akustik. Die Höhepunkte geistlicher Musik können aber natürlich auch in weltlichen Räumen aufgeführt werden. Oder werden es ohnehin. Es kann sogar eine Chance sein, sakrale Musik nunmehr in neutralen Räumen erklingen zu lassen. Wenn niemand angesichts von Kruzifix und Kirchenfenster religiös berührt wird, sondern in Stimmung gesungen werden muss, sind viele Interpreten noch mal neu gefordert.

Von Rock- und Popmusik sollte man christlicherseits die Finger lassen. Aber mehr launige Wanderlieder wären vielleicht eine Idee für die Zukunft – denn wir werden nicht mehr in kalten Räumen auf harten Bänken hocken, sondern wieder viel zu Fuß unterwegs sein. Das erfordert spezielles Songmaterial. Wie wäre es mit »Auf einem Baum ein Ketzer saß« oder »Das Wandern ist des Pastors Lust«?

10

DIE GUTEN WERKE DIAKONIE

Wenn man über Kirche spricht, muss man natürlich auch über die Nächstenliebe sprechen, die seit Langem institutionalisiert ist. So wie die Diakonie, die Caritas – die sogenannten »guten Werke«. Damit sind nicht die letzten Stücke von Wolfgang Amadeus Mozart gemeint, sondern wirklich biblisch gute Taten. Wenn man anderen hilft, Schwächeren, Kranken, Benachteiligten. Wenn man sich, wie meine Mutter gesagt hätte: »kümmert«. Das ist keine Steigerungsform von Kummer, sondern in der Regel dessen Beseitigung oder zumindest Linderung.

Die Grundlage dafür ist vor allem das Auftreten des neutestamentlichen Jesus, der immer wieder heilt und versöhnt. Er behandelt Menschen aber eben nicht nur medizinisch. Er ruft sie auch in missratenen oder falschen Lebenssituationen zur Änderung auf. Diese messianische Form der Hilfe war und ist von vielen seiner Nachfolger trotz großen Glaubens so nicht umsetzbar, mangels Zeit oder aufgrund auch fehlenden Charismas.

Heile, heile Gänsefüßchen

Christen, die ihr Leben der Zuwendung widmeten und sich ganz der Nächstenliebe verschrieben, gab es in der Geschichte jedoch immer wieder. Im Mittelalter waren es beispielsweise Ordensleute, die oftmals selbst in Armut lebten, aber mit ihrem Einsatz insbesondere für Kranke viel, viel Gutes in die Welt brachten. Ein immer wiederkehrendes Wunder. Heilung war nicht immer möglich, aber Aufmerksamkeit – das Mindeste, was man Menschen geben kann: Würde.

Jahrhundertelang wurden Alte und Kranke sowieso zumeist im Kreise der Familie behandelt – oder zumindest aufgehoben. Da die Medizin sich nördlich der Alpen erst spät entwickelte, war die sogenannte »Lebenserwartung« hierzulande ohnehin sehr gering. Erst im Zuge der Industrialisierung wurde die häusliche Zelle zunehmend aufgelöst, auch Kinder und Frauen zur Arbeit außer Haus herangezogen. Ab jetzt waren die kleinen Kinder, die Alten und die Kranken allein zu Hause. Und damit die Zeit gekommen, auch eine eigenständige Versorgung der nicht arbeitsfähigen Bevölkerung zu organisieren. Es entstanden damit ein organisiertes Gesundheitssystem, aber auch soziale Bewegungen, es gründeten sich Wohlfahrtsorganisationen.

Damit wurde auch die medizinische und soziale Versorgung zunehmend mehr keine Frage persönlicher Aufmerksamkeit oder ein Gnadenakt von Kaiser oder Kirche, sondern eine gesamtgesellschaftliche Aufgabe. Und irgendwann ein eigener Markt. Zugleich stieg die Lebenserwartung, was bedeutet: Der Mensch ist jetzt länger vor Ort, als es seine körperliche Konstitution eigentlich zulässt. Dadurch wiederum entstand die Altenpflege.

Gemein oder nützlich?

Aktuell arbeiten zwei Millionen Menschen in kirchlichen Unternehmen und Institutionen Deutschlands. Die meisten davon bei den großen Wohlfahrtsverbänden, Caritas (690.000 Mitarbeitende) und Diakonie (599.282 Mitarbeitende), den größten privatrechtlichen Arbeitgebern Deutschlands. Allerdings sind nicht alle konfessionell gebundenen Unternehmen im Eigentum einer Kirche. Die katholische Pax-Bank oder die KD-Bank, die evangelische Bank für Kirche und Diakonie, sind beispielsweise überwiegend genossenschaftlich organisiert und gehören dem Verbund der Volksbanken und Raiffeisenbanken an. Außerdem gibt es in Deutschland rund 600 konfessionelle gemeinnützige Kliniken, die mit privatwirtschaftlichen und kommunalen Krankenhäusern konkurrieren.

Kritik daran kommt immer wieder auf, teilweise weltanschauliche, teilweise finanzielle. Kirchensteuer, Stiftungen, Trägergesellschaften – das ist tatsächlich ein oftmals schwer zu durchdringender Strukturdschungel. Diese Praxis ist manchen politischen Parteien ein ewiger Dorn im Auge: Den Linken prinzipiell, weil die Kirchen beteiligt sind, der FDP, weil es um Steuern geht. Und weil unklar definierte Leistungen wie Wohlfahrt oder Pflege nicht so recht ins – insbesondere neoliberale – Weltbild passen, demzufolge jeder seines eigenen Glückes Schmied sei. Soziale Leistungen lassen sich zwar in Excel-Tabellen eintragen, ihre Summe ist aber mehr als Zahlen. Was für den Bürger eine Wohltat ist, ist für die Liberalen ein Alptraum: Jemand ist alt oder krank oder schwach – und man kümmert sich um ihn.

Der Druck auf unsere menschliche Gemeinschaft von dieser Seite aus ist in den letzten Jahrzehnten massiv gewachsen.

Wir haben erleben müssen, wie aus diesem neoliberalen Geist heraus das Gemeinwohl veräußert wurde. Mehr und mehr wurde der Wert menschlichen Lebens und gemeinschaftlicher Fürsorge berechnet und für zu teuer erklärt. Daher hat der Staat seinerseits alles verkauft, was er besaß. Und lebt jetzt von der Hand in den Mund. Genau wie die Mehrheit der Bewohner. 50 % der deutschen Bevölkerung besitzen nichts, sondern leben vom laufenden Einkommen. 1 % der Bevölkerung dagegen besitzen so viel wie die restlichen 49 %. Und können sich Gesundheit und Pflege leisten. Aber die anderen? Pustekuchen, Deutschland ist in der Eurozone nach Litauen das Land mit der höchsten Vermögensungleichheit.

Privatisierung oder: schlecht organisierte Kriminalität

Gemeinwohl und gemeinsamer Besitz sind verkauft worden. Krankenhäuser, Bahn, Banken, Straßenreinigung, Telekommunikation, Straßen – überall hieß es: Privatisierung. Lasst die Profis ran. Gewinnorientierte Betriebe können das billiger und besser und effizienter als öffentliche. Ursprünglich wurde das Wort »Privatisierung« verwendet, um jemanden zu beschreiben, der sich aus der Öffentlichkeit zurückzieht. Mittlerweile bezeichnet es die Veräußerung unseres Gemeinwohls durch den Staat. Wie aber kann der sich privatisieren? Zurückziehen? Nur noch zu Hause sitzen und sagen: »Was geht mich das an!«? Nur am Rande: *»Privare«* kommt übrigens aus dem Lateinischen und heißt zu Deutsch: »rauben«. Mehr muss man nicht wissen.

Nehmen wir als Beispiel für diesen Vorgang die Deutsche Bahn. Als die Bahn in den 90er-Jahren ein modernes Privatunternehmen wurde, baute sie zunächst einmal Personal ab.

Heute will man eigentlich überhaupt keine Angestellten mehr beschäftigen. Die Züge sollen genau genommen auch nicht mehr gewartet werden, die sollen einfach fahren. Ergebnis: Es gibt nahezu keine Mitarbeiter mehr. Wir Fahrgäste machen die Arbeit. Keiner geht mehr zum Schalter – wenn es überhaupt noch welche gibt. Wir suchen uns selbst die Verbindung raus, wir reservieren unseren Platz. Wir buchen selbst die Fahrkarte, zahlen sie online und drucken sie aus. Demnächst kontrollieren wir uns vermutlich noch gegenseitig. Ich warte auf die Ersten, die mit Thermoskanne zusteigen. Und rufen: »Hier, Kaffee bei mir nur 1,50 €! Vertrocknete, eingeschweißte Croissants von gestern: nur zwei Euro!«.

Für dieses Prinzip gibt es schon einen soziologischen Fachausdruck: »Prosument«. Das sind wir: Eine Mischung aus Produzent und Konsument. Du erwirbst eine Ware oder eine Dienstleistung, aber zum Zeitpunkt des Kaufs ist die noch nicht fertig. DU musst die zu Ende bringen. Das ist das IKEA-Prinzip. Du kaufst einen Haufen Sperrholz, baust ihn auf und siehst ihm beim Zusammenbrechen zu.

Das ist Privatisierung. Wir selber sind für alles verantwortlich. Jeder ist seines Glückes Schmied. Von wegen: »Es gibt keine Arbeit mehr!«. Falsch: Es gibt keinen Lohn mehr!!! Denn wir Kunden sind ja jetzt die neuen Arbeitskräfte. Allerdings unbezahlte. Wir holen selber unsere Pakete ab, wir bauen selber unsere Möbel auf und wiegen selber das Gemüse ab. Wir haben sogar den größten Teil des öffentlichen Dienstes übernommen. Wir waren vermutlich unausgelastet. Seit Langem wurden beispielsweise Polizeistellen abgebaut und stattdessen immer mehr Kameras aufgehängt. Das ist offenbar die Einstellung des Staates zur inneren Sicherheit: Anstatt eine Straftat zu verfolgen, oder, noch besser, zu verhindern, beschränkt er sich darauf, sie zu dokumentieren. Um dann die Bilder der Täter zu veröffentlichen. Denn wer soll sie suchen? Wir. Die Bürger.

Die einzige öffentliche Einrichtung, die wir noch haben, ist die Bundeswehr. Deren Einsatz im Innern wird ja auch schon diskutiert. Ich freue mich darauf, wenn Soldaten unsere Pakete zustellen und unsere Fahrkarten kontrollieren.

Oder auch unsere Kinder betreuen und unsere Alten pflegen. Denn das Gesundheitssystem ist nun auch privatisiert und von Gewinninteressen geleitet – man muss sich die Betreuung leisten können. Insofern müssen wir das dann vielleicht zukünftig auch selbst machen. Dann sind wir wieder im Mittelalter – dann gnade uns Gott.

Für wen ist das Leben ein Gewinn?

Die Maximierungsprinzipien der durchkapitalisierten Welt sind ein Alptraum. Bitte stellen wir uns doch einmal gemeinsam vor, wohin es uns treibt. Das ist Sarkasmus pur: Aus dem Staat kann man nicht austreten – aber aus der Kirche! Das haben deshalb viele schon getan. Hervorragend. Dadurch höhlen sie unter anderem die Finanzierung sozialer Dienstleistungen durch diesen Träger aus und verschieben deren Kosten auf die nachfolgende Generation. Die Kinder muss man deshalb auf eine elitäre Privatschule schicken, damit ihre Arbeit später womöglich besser bezahlt werden wird. Nur so haben sie die Chance, die Schulden der Eltern zu Lebzeiten abzutragen. Die Gebühren für dieses Internat bezahlt man natürlich nicht selbst, sondern lässt sie in eine anschließende Privatinsolvenz einfließen.

Grundsätzlich aber muss man sowieso darauf achten, möglichst wenig Steuern zu bezahlen, am besten gar keine. Zur Not muss man umschulen und einen handwerklichen Beruf erlernen oder eine Kneipe eröffnen. Beides ermöglicht eine Form von Steuerfreiheit. Keinesfalls sollte man öffentliche Verkehrsmittel nutzen und wenn, dann ohne Fahrschein. Und unbedingt sitzen bleiben, wenn eine Schwangere oder ein Greis einsteigt – die sollen ruhig stehen. Hier gilt das Leistungsprinzip! Eine Hotelminibar sollte man leeren, die Flaschen allerdings anschließend aus dem Wasserhahn wieder auffüllen und zurückstellen. Sollte das auffallen und das Hotel die zu diesem Zwecke hinterlegte Kreditkarte belasten wollen, meldet man die einfach als gestohlen. Man sollte sich nur Computer mit drahtlosem Netzwerkzugang anschaffen, damit man keinen eigenen Telefonanschluss finanzieren muss. Auch Strom und Kabelfernsehen kann man sich mit ein wenig handwerklichem Geschick kostenfrei aus der Nachbarschaft besorgen. Müllgebühren sollte man auch nicht zahlen, sondern den Unrat auf die Straße werfen, für Sperrgut gibt es Autobahnparkplätze. Vergünstigungen und Sozialleistungen muss man dagegen unbedingt in Anspruch nehmen, auch wenn sie einem gar nicht zustehen – für Benachteiligte, Kinderreiche, Studierende, Journalisten etc.. Warteschlangen muss man meiden, beziehungsweise -nummern und -listen, kurz: Alles, was nach dem »Gerechtigkeitsprinzip« funktioniert. Es wird nur noch gedrängelt: Ellbogen raus! Das ist die neoliberale Interpretation der Französischen Revolution: Freihandel – Ungleichheit – Prüderie!

Erst wenn wir uns so verhalten, wird eines Tages endlich das freie Spiel der Kräfte unser Land bestimmen: Schulen werden nicht mehr renoviert, den öffentlichen Nah- und Fernverkehr betreiben Schleuserbanden, 30 cm tiefe Löcher in Bundesstraßen werden nicht mehr beseitigt, sondern als Schicksalsschläge hingenommen. Fassaden öffentlicher Gebäude werden nicht mehr erneuert, öffentliche Krankenhäuser an amerikanische

Schönheitschirurgen veräußert, die Stadtreinigungen an neapolitanische Subunternehmer ausgelagert. Universitäten werden per Drittmittel aus der Wirtschaft finanziert und revanchieren sich dafür durch die günstige, kontrollfreie Vergabe von Doktortiteln. Und wer ärztliche Behandlung erhält, wird von Hedgefonds bestimmt. Dann leben wir endlich in einer freien Welt! So wie die FDP sie sich wünscht. Komisch nur, dass die öffentliche Infrastruktur dann genauso aussieht wie damals in der DDR. Schrott-Neoliberalismus aus Angst vor Kaputt-Sozialismus: Das wäre eine ironische Pointe der Weltgeschichte. Sarkasmus Ende.

Wo ist das gute alte Gemeinwohl? Kurzer Flashback: In den Achtzigern sprach man ja immer von der »Gesellschaft«. Die »Gesellschaft« müsse dies oder das, in unserer »Gesellschaft« wäre es ja so oder so. Das hatte immer so einen pädagogischen Unterton, man hatte sofort die Tübinger Wohngemeinschaft im Kopf. Dieses WG-Wir. »WIR müssten mal den Müll runterbringen – Dirk!«. Aber der Begriff »Gesellschaft« meinte immer dieses »Wir«. Eigentlich. Also, alle. Aber wir waren offenbar nicht allein. Wir waren in schlechter Gesellschaft. Irgendwas ist geschehen. Wir wurden ausgehöhlt. Privatisiert. Beraubt.

Heute spricht man deshalb wieder vom »Staat«. Wir scheinen keine Gemeinschaft mehr zu sein, der Staat hat ein Eigenleben entwickelt, er ist zum Gegenüber geworden. Aber zu einem, mit dem man nicht mehr reden kann. Es sieht so aus, als wolle er die Scheidung. Er möchte ausziehen. Oder ist es schon. Jedenfalls hat er sich schon aus allem herausgezogen. Kurz vor der Trennung noch schnell alles verkauft, was nicht niet- und nagelfest war. Der Staat und wir, wir sind keine Familie mehr. »Mutter Kirche« haben wir schon vor langer Zeit das Leben zur Hölle gemacht. Bis sie von allein gegangen ist. Jetzt ist Vater Staat alleinerziehend. Und schafft es nicht. Aber letztlich haben Mutter und Vater dasselbe Problem: Die Kinder ziehen nicht mehr mit. Dass die Mutter zurückkommt, ist utopisch. Wir müssen mit der Trennung leben. Aus der Kirche kann man austreten, aber nicht aus dem Staat. Das ist ungerecht. Aber wohin zöge es uns auch? Wo sind wir aufgehoben?

Was wir brauchen, lässt sich nicht berechnen

An dieser Stelle vielleicht mal ein Bekenntnis: Wir brauchen diese Form der Nächstenliebe. Aus religiösen, aber auch aus humanitären Gründen. Kindergärten, Altenheime, Krankenhäuser, Hospize, Schuldnerberatung – die Kirchen und ihre Wohlfahrtsverbände erfüllen viele gemeinschaftliche Aufgaben. Gute Taten. Wollen wir darauf vertrauen, dass der Staat diese übernähme, wenn sie das nicht mehr täte? Wohl kaum.

An vielen Stellen schimpfen wir über die Kirche wegen ihrer altmodischen Ansichten, ihrer Prinzipien, ihrer unfassbaren Unbeweglichkeit und der verkrusteten Strukturen. Hier ist es genau umgekehrt: Wenn es um Werte geht, ist es gut, langsam und unmodern zu sein. Denn die kirchlichen Einrichtungen scheinen nahezu die Letzten zu sein, die den Wert der menschlichen Existenz für unveräußerlich halten. Und sich daher »unvernünftig« verhalten. Gewinne wollen und dürfen die gemeinnützigen Einrichtungen im Gegensatz zu den privatwirtschaftlichen nämlich gar nicht erzielen. Wirtschaftlich müssen sie natürlich trotzdem sein.

Ob es dazu christlicher Organisationen bedarf? Jein. Vieles davon können beispielsweise der Paritätische Wohlfahrtsverband oder das Deutsche Rote Kreuz auch, richtig. Christlicher Stuhlgang unterscheidet sich von atheistischem oder buddhistischem nicht wirklich. Zumindest nicht erkennbar. Und der Kranke, der von einem Bett ins andere gehoben werden muss, ist für alle Pfleger gleich schwer, ob es sich bei ihnen um ordnungsgemäße Kirchenmitglieder handelt oder einfach nur um weltanschaulich neutrale junge Männer. Sie brauchen weniger Glauben als vielmehr Kraft. Ersterer kann zwar im Zweifel Berge versetzen, Patienten verlegen kann er meist nicht.

Andererseits bilden die Hilfsorganisationen der Zivilgesellschaft zumindest bisher deutlich weniger Fläche ab als die christlichen. Manche Sammlungen entstehen auch nur spontan als Reaktion auf einen Bürgerkrieg oder eine Naturkatastrophe. Darauf kann man sich verlassen, ja: In der Not stehen wir uns bei. Mitmenschlichkeit zählt. Mehr aber auch nicht. Gebraucht wird aber auch kontextuelle Hilfe, unabhängig von aktuellen Ereignissen: Beratung, Begleitung, Mitwirkung – bis zu politischem Protest.

Hier können die christlichen Werke eben mehr sein als Sanitäter: Sie können mehr als heilen, helfen, lindern. Sie können auch die Anwaltschaft übernehmen für die, die wir als Minderheit bezeichnen. Und deutlich machen, dass wir eine offene Gesellschaft sind und bleiben wollen, in der sich die Universalität des Glaubens auch darin zeigt, dass wir allen ihre Würde zusprechen. Das ist Bejahung des Lebens. In jeder Form.

Naturwissenschaft und Ökonomie aber berechnen das Leben, sie sehen jede Existenz als Materie. Der Glaube tut das nicht, er zeigt unsere Unberechenbarkeit. Das ist gut. Deshalb dürfen auch Nichtchristen in der Diakonie arbeiten oder in der Caritas. Und Christen dürfen Atheisten pflegen. Oder hat Jesus etwa darauf geachtet, nur ordnungsgemäß geprüfte Gläubige zu heilen? Und: War er selbst eigentlich Christ? Oder zumindest Kirchenmitglied? Na also.

Die Amtskirche ist vielleicht verzichtbar, aber die sozialen Werke sind es sicherlich nicht. Wer denkt »weg damit«, beseitigt den letzten großen Anwalt der Kleinen, den letzten institutionellen Fürsprecher der Armen und Schwachen. Nicht lustig? Stimmt.

Diakonie und Caritas und ihre Verwandtschaft sind natürlich nur ein Teil der Kirche. Aber vielleicht genau der, der gebraucht wird. Und daher überlebt. Als strukturelle Barmherzigkeit. Wir können auf vieles verzichten, gerade als Christen. Aber darauf nicht – sie ist das Einzige, was wir wirklich brauchen. Und nicht nur wir.

Ausguck

Anders als in biblischer Zeit begegnet man Armut und Krankheit heute nicht überall und auf offener Straße, sondern muss sich oftmals schon ein wenig Mühe geben, um ihrer überhaupt gewahr zu werden. Viele Menschen denken: »Es geht doch allen gut! Wir meckern nur zu viel!«. Für viele von uns ist der Nächste aber tatsächlich ziemlich weit weg. Man muss sich bewegen, um seiner gewahr zu werden. Innerlich oder äußerlich.

Zumal »der Nächste« von vielen sowieso zeitlich verstanden wird und nicht räumlich. Insofern lässt die Formulierung Spielraum für Ungeduld und Egozentrik. Erst, wenn ich wirklich so weit bin mit meiner Hilfsbereitschaft, rufe ich wie im ärztlichen Wartezimmer: »Der Nächste, bitte!«

Das Überwinden unserer Wohlstandsverwahrlosung ist eine große Aufgabe. Gleichwohl sind wir ja nicht nur zu bequem, um zu helfen, sondern meist auch schlicht nicht kompetent. Die Nächstenliebe zumindest zum Teil an Menschen zu delegieren, die nicht nur mit Herz, sondern auch Verstand helfen, ist nicht nur legitim, sondern auch klug. Allerdings sollte man dann den Beauftragten nicht auch noch die finanzielle Grundlage für ihre Arbeit entziehen. Jesus erzählt ein Gleichnis: Ein barmherziger Samariter findet einen Verletzten und bringt ihn zum nächsten Gasthaus, damit er dort ver- und gepflegt werden kann. Er schießt die Kosten vor und verspricht, wiederzukommen und weitere Zusatzkosten dann auch noch zu zahlen. Wir sind gesellschaftlich in einer Situation, dass wir das Opfer heimlich dem Wirt vor die Tür legen und uns verdrücken. Und sagen: »Dafür bin ich nicht zuständig. Das sollen die untereinander regeln. Das schaffen die schon.«

Darüber hinaus ist klar: Wenn es keine Kirche mehr gibt, werden wir umso mehr persönlich wieder gefragt sein. Dann gibt es den Glauben wieder unvermittelt. Direkt. Und das Leben auch. Und dann vielleicht auch wieder einen ungefilterten Zugang zum Leiden. Dann braucht es ebensolche Zuwendung. Auch Spenden. Und vor allem: Aufmerksamkeit. Dann werden wir wieder genauer hinschauen müssen und feststellen, wie ungerecht und arm wir leben. Weil wir es in der Regel auf Kosten anderer tun. Könnte sein, dass wir dann aber mal so richtig gefordert werden, Gerechtigkeit herzustellen – wenn das keine Perspektive ist?!

11

MISSION IMPOSSIBLE KEINE WERBUNG!

Warum gibt es die Kirche? Und wie hat sie es eigentlich geschafft, zum religiösen Weltmarktführer zu werden?

Für die Entstehung war der Sendungsdrang der frühen Christen um das Jahr 0070 geradezu zwingend – wer würde nicht davon erzählen, wenn er plötzlich davon erführe, dass Gott einen Sohn bekommen hat!?! Und das schon vor über dreißig Jahren!?! Und wenn der ihm auch noch persönlich begegnete oder ihm Heilungen und Wunder widerfahren ließe? Und man Zeuge geworden wäre von Hinrichtung und Auferstehung dieses Heilands? Das könnte und wollte keiner für sich behalten.

Auch Menschen, die aus räumlichen oder zeitlichen Gründen selber nicht Augenzeuge sein konnten, zum Beispiel Griechen oder Römern, von dieser Geschichte zu berichten, voller Begeisterung – auch das ist nachvollziehbar. Aber warum will man andere Menschen dazu bringen, einem diese Geschichte nicht nur abzukaufen, sondern sie sich auch noch zur eigenen zu machen? Wer täte so etwas?

Nehmen wir mal ein Beispiel: Ein Sieg in einem Fußball-Länderspiel gegen Brasilien ist an sich für fast jede Nationalmannschaft der Welt schon erstaunlich, gilt dieses Land doch als Born ewiger Spielfreude und Heimat unendlich vieler hochbegabter Talente. Doppelt wertvoll wäre ein solcher Erfolg in einem Pflichtspiel. Wenn es also um etwas geht, womöglich in einem K.O.-Spiel während eines Turniers. Der ist aber schwer vorstellbar, vor allem, wenn Brasilien auch noch Gastgeber ist und die Partie im Heimatstadion stattfindet. Statistisch regelrecht ausgeschlossen ist, dass dieser Sieg als Mannschaft von einem anderen, etwa dem europäischen Kontinent, gelingt. Und wenn, dann wäre er knapp errungen, durch die Fehlentscheidungen eines womöglich überforderten Schiedsrichters aus der Mongolei bei seinem ersten Einsatz außerhalb des heimischen Amateurfußballs. Oder erst nach Verlängerung oder im Elfmeterschießen. Deutlich fiele dieser Sieg keinesfalls aus. Aber nach regulärer Spielzeit: 7:1!?!? Niemals. Überirdisch. Irreal. Glaubt kein Mensch.

Wenn man ein solches Fußballwunder erlebt haben sollte, berichtet man natürlich allen davon, die nicht dabei waren, auch Jahre später noch. Natürlich gäbe es Jubellieder und euphorische Hymnen auf die Mannschaft und ihre Spieler. Aber würde man versuchen, deshalb Brasilien-Fans zu Anhängern Deutschlands zu machen? Das wage ich denn doch zu bezweifeln. Das wäre Dienst am Götze. Und ich meine nicht Mario.

Auf sie mit Gebrüll

Mission wurde schon früh verankert. Jesus selbst soll den Befehl dazu gegeben haben. Was man viele Jahrzehnte nach dessen Himmelfahrt im Markusevangelium noch ergänzte, weil man dies unwesentliche Detail vergessen zu haben schien: Das eigene Sendungsbewusstsein wurde sozusagen rückwirkend erklärt. Infolge der großen Nachfrage begründete man nachträglich das Angebot. Nachdem der jüdische Glaube traditionell eher weniger Interesse daran gezeigt hatte, über das eigene Volk hinauszuwachsen, war dieser Schritt zum globalen Anspruch allerdings ungeheuerlich. Die ersten Christen waren gewissermaßen die Vorläufer von Facebook, Amazon, Google & Co.

»Macht zu Jüngern alle Völker« – das nenne ich mal einen Job für zwölf ungebildete Fischer und Handwerker aus einer nahöstlichen Provinz. Auch wenn sie zu der Zeit von den Einwohnern Amerikas oder Australiens noch nicht wirklich viel wissen konnten. Hätte man schon damals geahnt, dass diese Mission auch die Briten betraf und man diese sturen Inselbewohner ebenfalls würde überzeugen müssen, hätte man den Auftrag womöglich für einen schlechten Scherz gehalten und gar nicht erst damit begonnen.

Vielleicht kennt der eine oder die andere noch die Serien »Kobra, übernehmen Sie – Unmöglicher Auftrag« oder »Das A-Team«? Die beschreiben ungefähr die Lage der ersten Christinnen und Christen: Von nun an war gewissermaßen jeder von ihnen im Auftrag des Herrn unterwegs. Auf mehr oder weniger geheimer Mission. Als Teil des A-Teams. Beziehungsweise des Alpha-et-Omega-Teams. Mit Paulus als Colonel John »Hannibal« Smith – denn der liebte es bekanntlich, wenn ein Plan funktioniert. Und gilt auch als ausgezeichneter Schauspieler: den Griechen ein Grieche, den Römern ein Römer.

Aber, Achtung, apropos »unmöglicher Auftrag«: Die Bibel zerstörte sich nicht innerhalb von 30 Sekunden selbst, nachdem man ihre Botschaft erhalten hatte. Der Missionsbefehl ließ sich beliebig oft wiederholen. Und wurde es auch. Deshalb waren und sind seit über tausend Jahren tausende von Menschen »im Auftrag des Herrn« unterwegs. Teilweise wurden Menschen einfach erobert. Militärische Übermacht ist auch eine Form von Überzeugung. Teilweise wurden sie aber auch für die Botschaft des Evangeliums begeistert. Besonders Herrscher und kriegerische Tyrannen entflammten sehr schnell für diesen Gedanken der Erlösung. Keine Sünden mehr – großartig. Jemand anderes übernimmt die Verantwortung – wie befreiend!?!

Langsam aber sprach sich auch nördlich der Alpen herum, dass Erlösung dummerweise doch keineswegs bedeutet, dass man drauflosleben darf, betrügen und hintergehen. Dieser Freibrief galt nur für die Amtsträger. Der normale Gläubige sollte natürlich nach wie vor Schuld und ein schlechtes Gewissen haben. Der sollte nicht frei aufspielen und sich womöglich grundlos gegen den Gutsbesitzer oder die Vorgesetzten auflehnen. Deshalb kamen hier dann seitens der Kirchen die beiden tradierten dogmatischen Top-Argumente ins Spiel: 1. Da könnte doch jeder kommen. Und 2. Wo kämen wir denn da hin? Daher leuchtete es vielen Menschen auch nicht ein, warum sie sich von ihren heimischen, althergebrachten Fruchtbarkeitsritualen und den sexuellen Ausschweifungen verabschieden sollten – wer will es ihnen verdenken.

First we take the world, then we take Manhattan

Die Welt wurde in den folgenden Jahrhunderten dennoch immer christlicher – zumindest so lange, bis sie komplett erschlossen war. Dann aber kippte die Stimmung, auch aufgrund der

Konkurrenz. Denn bei der Erschließung der letzten dunklen Flecken des Globus (Bora-Bora, Nepal, Prenzlauer Berg, Oberlausitz) musste man feststellen: Überall gab es bereits Götter. Die Leute waren genau genommen bereits versorgt. Und die Konkurrenz schlief nicht.

Nun musste sich die Kirche vielerorts mit anderen Anbietern desselben Produkts auseinandersetzen und für sich werben. Damit aber kam sie nicht immer gut zurecht – bis heute. Es ergeht ihr damit ähnlich wie den ehemaligen Staatsbetrieben Post oder Telekom, die bekanntlich auch immense Probleme hatten beim Eintritt in den privaten Markt und mit den – zumindest für Beamte – überraschend plötzlich auftretenden Mitbewerbern. Und Kunden mit Erwartungen. Und dem Anspruch auf eine Art »Service«.

Erschwerend kommt hinzu, dass die Kirche sich zusätzlich auch noch gegen die Gleichgültigkeit von Menschen behaupten muss, die Ereignisse jenseits ihres eigenen Ablebens sowieso grundsätzlich für irrelevant halten. Sie will den Menschen aber auch ein Produkt verkaufen, dessen Lieferung garantiert keiner von ihnen erleben wird. Man stelle sich nur einmal vor, die oben genannten Firmen hätten Leistungen versprochen, die sie ihren Kunden gar nicht garantieren können! Was da los gewesen wäre!?!

Allein der Gedanke, die Telekom hätte bei Ihnen monatliche Beiträge abgebucht, Sie hätten aber niemanden anrufen können, weil Ihr Anschluss noch nicht verlegt oder defekt oder gestört gewesen wäre! Man hätte Ihnen daraufhin Hilfe durch einen Mitarbeiter versprochen, der aber nie eingetroffen wäre! Man stelle sich das vor!?! O.K., schlechtes Beispiel.

Vielleicht ein anderes: Nehmen wir lieber an, die Post hätte seinerzeit Briefmarken verkauft, die Zustellung des damit frankierten Schreibens aber nicht garantiert. Der Brief wäre dann auch tatsächlich verloren gegangen und selbst Nachforschungen hätten zu nichts geführt!?! O.K., schlechtes Beispiel.

Nein, es stimmt, Post und Telekom hatten beim Eintritt in den privaten Markt dieselben Probleme, wie die Kirche sie bis heute hat. Auch die Post und die Telekom verkauften Glauben. Und lieferten Enttäuschung. Auch ihre PR war eine Katastrophe. Werbeträger der Telekom war zum Beispiel von 1991 bis 2003 ausgerechnet das Dopingskandal-Team um Jan Ullrich. Allerdings entschied sich diese von staatlicher Subvention träge gewordene Firma wenigstens irgendwann für eine signifikante Farbe und suggerierte damit die Existenz einer *Corporate Identity*, einer Art Firmenphilosophie. In jedem Falle fielen sie auf: Nun gab es diese rosa Glaskästen überall – das war eine säkulare Form von Omnipräsenz.

Allen Gottes- und Gemeindehäusern, kirchlichen Kindergärten und Sozialstationen denselben Anstrich zu geben und alle Mitarbeiter in dieselbe Tönung zu kleiden, wäre kirchlicherseits vielleicht schon mal ein Anfang gewesen. Aber selbst diese Gelegenheit wurde verpasst, da sich die leitenden Gremien nicht von ihren traditionellen Lieblingsfarben trennen konnten: Die Protestanten wollten schwarz, wegen der Lebensfreude. Die Katholiken wollten Purpur, wegen des Glamours. Die Freikirchler wollten weiß, wegen der Unschuld. Die Orthodoxen und die Anglikaner waren gar nicht erst gefragt worden. Der Papst schlug als Kompromiss schließlich den nachsintflutlichen Regenbogen vor. Daraufhin wurde er zum CSD eingeladen. Mehr aber geschah nicht.

Was Kirche attraktiv machen soll, wurde von ihr bisher niemals wirklich dargestellt. Eigenwerbung gilt christlicherseits als eitel und ist daher verpönt. Es mag aber auch sein, dass schlicht

Inkompetenz der Grund für mangelnde Kirchen-PR war und ist. Oder Unkenntnis dessen, wofür man eigentlich steht und was man wirklich verkaufen will. Oder die Unfähigkeit zur Einigung. Oder aber schlicht die Weigerung, die Unmöglichkeit einer religiösen Monopolstellung zu akzeptieren.

So machen sich heute andere, teilweise kurzlebige spirituelle Konzepte im Markt breit: Esoterikseminare im Harz oder Erfolgscoachings auf Lanzarote. Aber auch langfristig angelegte und damit für die Kirchen immens gefährliche Religionen wie der Glaube an eine Meisterschaft von Schalke 04.

Petri Heil

Reagiert auf diese Bedrohungen hat keine der Kirchen. Dabei wäre es nicht schwer gewesen: Die eigene Identität mit einer stilgebenden Farbe auszudrücken, wäre eine Möglichkeit gewesen. Wenn sogar Post und Telekom das schaffen!?! Eine andere hätte bestanden in der Auswahl eines signifikanten Symbols. Das Kruzifix vermittelte keine wirklich fröhliche Botschaft. Allerdings wurden durch die Jahrhunderte bereits einige andere ausprobiert und vermutlich aufgrund ihrer Mehrdeutigkeit wieder verworfen.

Ein Symbol aus der frühen Christenheit ist etwa der Fisch – angesichts des Berufsbildes der ersten Jünger keine sonderlich überraschende Wahl. Auch wenn sich schon damals der durchschnittliche Römer gefragt haben dürfte, was die Christen ihm damit sagen wollen und was daran so attraktiv sein soll, streng zu riechen.

Wollen Christen mit der Wahl des Fisches als Markenzeichen ausdrücken, dass sie am liebsten untertauchen? Oder, im Gegenteil, dass sie sich für die einzig wahren und tollen Hechte im religiösen Karpfenteich halten? Hier mangelt es doch an der nötigen Klarheit.

Dieses Symbol geht wohl zurück auf das griechische Wort für Fisch, »ICHTHYS«, und war ein frühes Glaubensbekenntnis. Es stand als Abkürzung für Jesus, Christus, Gott, Sohn, Erlöser und soll eine Art Geheimcode der frühen Christen gewesen sein, an dem man sich erkannte. Oder eben den örtlichen Fischhändler.

Heute sieht man dieses Symbol gelegentlich noch als Schmuckstück bei Religionslehrerinnen mittleren Alters oder auch auf dem Heck eines Autos. Dort, wo andere Leute ihre Sylt-Aufkleber haben.

Allerdings ist das Symbol aus der Mode gekommen, nicht nur aus olfaktorischen Gründen. Obwohl es beim christlichen Glauben um Petri Heil geht. Vor allem der Klerus fischte unstrittig jahrhundertelang im Trüben, teilweise sogar nach Menschen. Heute aber leugnet man die Existenz eines metaphysischen Netzes. Warum eigentlich?

Der religiöse Verdauungstrakt

Ein weiteres Beispiel für misslungene Bildsprache ist die Symbolisierung der christlichen Gemeinde als Leib. Nicht im Sinne von Brot, sondern von Körper. Es heißt in der Folge, jeder sei ein »Glied« an diesem Leib – keine sonderlich glückliche Wortwahl im ersten Brief an die Korinther. Dummerweise befinden sich an und in einem Körper nun einmal etliche eklige und schlicht unangenehme Organe. Man fragt sich automatisch: Wer ist in meiner Gemeinde der Arsch!?

Apropos: Ein Körper scheidet auch aus! Da stimmt das Bild wiederum. Denn so kommen sich viele in der Kirche vor: Sie werden aufgenommen, verzehrt, verschluckt, verarbeitet, verdaut, und wenn sie zu nichts mehr zu gebrauchen sind, werden sie ausgeschieden. Und treten dann zumeist auch aus.

Kirche als Ausscheidungswettbewerb – nach dem K.O.-System: Wer kommt ins himmlische Finale!? Das ist religiöser Nahkampf. Keine ansprechende Vorstellung. Gute Werbung sieht anders aus.

Wer will mit uns auf Kaperfahrt fahren?

Ein anderes Symbol der Christenheit wurde der Seefahrt entlehnt: das Schiff. Es wurde verwendet als Bild für die Kirche. Bekannt ist zum Beispiel der Sakro-Pop-Klassiker: »Ein Schiff, das sich Gemeinde nennt«. Leider ist Bildsprache ausgesprochen schwer. Bereits in den ersten Worten dieses Liedes kippt nämlich die Metaphorik, drängt sich doch die Frage auf: Seit wann geben sich Schiffe selber Namen? Und warum wird ausgerechnet das Kirchenschiff nicht getauft – eine der sakralen Kernkompetenzen des christlichen Glaubens?! Ist das schon Selbstverleugnung?

In diesem Lied heißt es in der Folge, dieses Schiff führe über die Weltmeere zum himmlischen Hafen. Eine ansprechende Vorstellung, rückt es doch die Kirchenmitgliedschaft in die Nähe einer Luxus-Kreuzfahrt mit Balkonkabine, Dampfbad, 5-Sterne-Buffet, exotischen Tänzerinnen und Schokobrunnen. Allerdings werden die Leistungen an Bord bewusst im Unklaren gelassen. »Katze im Sack« ist aber ein Verkaufsmodell, das heutzutage kein Kunde zu akzeptieren bereit ist. Es sei denn, es handelt sich um ein Produkt von Apple.

Auch die Frage der Sicherheit wird nicht beantwortet: Kann das Kirchenschiff untergehen? Auch die Titanic bezeichnete man schließlich als unsink- und den HSV als unabsteigbar! Wer ginge angesichts dieser offenen Fragen dort freiwillig an Bord? Wer buchte ein solches One-Way-Ticket?

Im klassischen Adventschoral »Es kommt ein Schiff, geladen« scheint die Symbolik zutreffender dargestellt zu sein. Denn: Geladen sind alle in der Gemeinde. Schließlich fährt das Kirchenschiff ganz traditionell immer in der gleichen Besatzung: Der Pastor befindet sich im Ausguck und gibt die Richtung vor. Der Diakon steht am Steuer, seine Frau in der Kombüse und alle anderen rudern wie wild. Es wäre nicht weiter verwunderlich, wenn einer mal so sauer ist, dass er das Ganze zum Kentern bringt. Und dann?

Was dann? Fragen Sie sich und antworten Sie ehrlich: Kommen wir nicht in Zukunft ohne Kirche vielleicht sogar besser zurecht? Ohne Superintendent, Presbyter, Domkapitel? Ohne Verwaltung, Steuern, Ämter? Und vor alle ohne die ständigen Rechtfertigungen, ohne die langwierigen Erklärungen, ohne ständigen Verweis auf die lange Vorgeschichte?

Gegen eine Sammlung, eine Versammlung von Gläubigen spricht ja nichts. (Achtung – das ist etwas Anderes als eine Versammlung von Gläubigern, die ist meist unerfreulich, weil dort niemand die Schuld übernehmen will). Eine Gruppenbildung ist grundsätzlich mehr als verständlich. Anhänger eines Musikers oder einer Autorin, Bewunderer einer seltenen Pflanze oder Liebhaber einer Region – auch die treffen sich mit Gleichgesinnten und tauschen sich aus über ihre Leidenschaft und erhalten sie damit am Leben. Teilweise versuchen sie sicher auch, Unbeteiligte ebenfalls für diesen Rotwein oder diesen Wagen zu begeistern, den sie für den einzig wahren halten. Von Fußball will ich gar nicht erst reden.

Aber: wozu die Organisation? Hätte ein (mehr oder weniger) schlichter Glaube nicht gereicht? Musste es auch noch eine Institution sein?

Schon seit Langem war es ja oft gar nicht mehr möglich, vom Evangelium als der frohen Botschaft zu sprechen, sondern erst mal musste man sich immer abarbeiten an Hexenverbrennung, Kirchensteuer und Kindesmissbrauch. Und blieb verschämt zurück.

Man musste gewissermaßen *trotz* der Kirche missionieren und konnte es nicht *wegen* des Evangeliums tun. Kein guter Ausgangspunkt. Insofern heißt Mission heute, nicht mehr von vorne anfangen. Sondern mit der Enttäuschung umgehen. Zweiter Frühling. Liebe auf den zweiten Blick.

Vielleicht braucht es ja gar keine innerkirchliche Meuterei. Vielleicht gefällt es ja sogar Gott selbst, seiner Kirche das Freischwimmen beizubringen!? Aktuell sieht es jedenfalls danach aus.

Und Rettungsboote gibt es auf dem Kirchenschiff nicht. Das verlangt der Stolz der Klerikalen. Diese halten ja ihre Kirche nach wie vor für das Traumschiff und sich selbst für Sascha Hehn.

Ausguck

Eine Zukunft ohne Kirche – für viele Christinnen und Christen eine schreckliche Vorstellung. Der Mehrheit der Bevölkerung geht das anders. Warum sie also von einer Mitgliedschaft überzeugen? Wegen der Amtshandlungen?

Der kurzfristige Eintritt in der Kirche zur Durchführung einer standesgemäß feierlichen Hochzeit, gefolgt vom unmittelbaren Widerruf der Mitgliedschaft direkt nach dem großen Fest mag ja noch erklärbar sein. Der eine oder andere erhofft sich durch die offensichtliche Manipulation kirchlicher Trauvorschriften vermutlich die Option eines Widerrufs.

Bei einem Eintritt in die Kirche unmittelbar vor der eigenen Beerdigung allerdings muss schon bezweifelt werden, ob dieser noch seine ewige Wirkung entfaltet oder nicht doch vergebliche Liebesmühe ist. Als ernsthafter Beweis des Glaubens an eine Belohnung nach dem Tod kann nur die langfristige Zahlung von Mitgliedsbeiträgen gelten. Das kann nicht unser Ernst sein.

Es geht nicht um Lohn, es geht um Sinn. Wenn man als Christ werben will, sollte man nun insofern anders auftreten als ein Vertreter für Auslegware. Der christliche Glaube ist auch kein Buchclub. Und kein Schützenverein. Im Gegenteil: „Ekklesia" ist eine Versammlung der „Herausgerufenen". Also: Raus da! An die Hecken, an die Zäune! Nicht Mitglieder sammeln, sondern Menschen begeistern!

Werbung schafft es oftmals, Bedürfnisse zu suggerieren, die gar nicht vorhanden sind. Und die nur durch den Kauf eines Produkts befriedigt werden können. Dieser Prozess muss aber ständig wiederholt werden.

Christinnen und Christen können sich davon positiv abheben: Die müssen nicht werben, die können wirken lassen. Und warten, bis die Zeit so weit ist. Wer fragt, kriegt Antwort. Wenn er fragt. Und erst dann. Und nur dann. Seien Sie auf Sendung - aber einschalten müssen die anderen schon selbst.

12

AUSBLICK OHNE TURM

Kirche nervt. Kirche bildet. Kirche strengt an. Kirche macht Fehler. Kirche vertuscht. Kirche vergibt. Kirche begeistert. Kirche macht Mut. Kirche macht Angst. Kirche befremdet. Kirche vereint. Kirche verletzt. Kirche heilt. Kirche feiert. Kirche lähmt. Kirche dies und Kirche das. Man kann sagen: Wo Kirche ist, da ist immer was los.

Wenn wir zurückblicken auf diese jahrhundertelange Geschichte, uns die aktuelle Gegenwart betrachten und uns Perspektiven für die Zukunft ausmalen, so müssen wir als Erstes konstatieren: Die Kirche ist wie die Welt. In guten Momenten überirdisch, manchmal von strahlender Schönheit, von Liebe besessen, beseelt von dem, was den Menschen zum Menschen macht. Aber in schlechten Zeiten eben auch von großer Brutalität, ausschließlich von sich selbst berauscht, vom Drang zur Eroberung und Unterdrückung – und gänzlich gewissenlos.

Änderte sich etwas, wenn es sie nicht mehr gäbe? Also, die Kirche, nicht die Welt? (Wobei: Wer sagt eigentlich, dass die länger bleibt?) Nun, sicherlich änderte sich etwas. Vielleicht nichts Sichtbares – aber: Der Anspruch schwände vermutlich. Der, etwas Besseres erreichen zu wollen. Der, daran scheitern zu dürfen. Und derjenige, dann Vergebung erfahren zu können. Die Welt bliebe vielleicht sogar wie immer, aber sie wäre ein schlechterer Ort. Beraubt dieses einen Turms, der nach oben weist wie ein erhobener Zeigefinger. Protestantenwitz, ich weiß.

Wenn man versucht, Revue passieren zu lassen, kann man Kirche für verzichtbar erklären, ganz bestimmt. Und Menschen, die glauben, die beten, die für andere da sind, wird es auch ohne Kirche geben. Die Frage bleibt: Wie kommen Christen ohne deren Schutz zurecht? Ohne den Schatten des Turms? Ohne die erfrischende Kühle im Kirchenschiff? Ohne das angenehme Halbdunkel der christlichen Innenräume? Was geschieht, wenn wir plötzlich vor die Tür treten, gewissermaßen in die gleißende Hitze des Gefechts?

Wir werden dazu gezwungen sein, unsere Standpunkte aufzugeben – und dadurch beweglicher zu werden. Ökumene wird Pflicht, nicht aus Überzeugung, sondern aus Not. Damit man überhaupt noch singen kann: »Wo zwei oder drei in meinem Namen versammelt sind«. Vermutlich wird auch das interreligiöse Verhältnis umso wichtiger, je mehr die eine Religion ihre Vorherrschaft verliert. Umso mehr ist von Bedeutung, wer überhaupt Gespür hat für Jenseitiges, als wer zum gleichen Club gehört. Relevant wird sein, wer sich, ja, ein doofes Wort, aber ja: Wer sich zu opfern bereit ist. *Religio* heißt Hingabe. Die gilt es neu zu finden – mit allen, die sie suchen. Und nicht nur mit denen, die meiner Meinung sind.

Überhaupt: Standpunkte. Wir müssen nicht mehr Chef sein. Nicht mehr erklären. Nicht mehr vorangehen. Keine Pflöcke mehr einhauen. Und seien wir ehrlich: An vielen Stellen wird das eine Erleichterung sein. Nicht mehr sonntagsmorgens irgendwo pünktlich sein müssen. Geduscht und frisiert und in Feiertagskleidung. Wir werden auch manches Mal dankbar sein, dass wir uns nicht immer als Erstes für Pastor X rechtfertigen müssen oder Bischof Y. Boah, und die Kreuzzüge können uns mal. Ja.

Die große Chance einer Zukunft ohne Kirche liegt in der Beweglichkeit. Keine Immobilie mehr zu sein, ist gut. Denken wir an die Kirchen- und Katholikentage: Eine besondere Form der Gemeinschaft. Lebendig, mehr oder weniger jung, musisch, geistreich – und vor allem: voll. So sieht die normale Gemeinde im Normalfall schon lange nicht mehr aus. Das könnte sich ändern. Vielleicht wird sich die Kirche der Zukunft so darstellen wie ein ICE voller anreisender Kirchen- bzw. Katholikentagsbesucher: Voller Vorfreude, beschwingt, alle das Programm studierend. Und dann? Hingehen, wo es einen hintreibt. Aufgehalten werden von spontanen Eindrücken und Begegnungen. Tun, wozu man Lust hat. Einstimmen, wo gesungen wird. Das Leben ist Chaos. Warum ordnen wir es – und dann so oft auch noch unter? Natürlich: Auf dem Rückweg vom Kirchen- bzw. Katholikentag sehen alle aus wie die Kirche jetzt: müde, kraftlos, manche riechen auch streng nach fünf Tagen Schlafsack. Aber wir wollen ja das Gegenteil. Aufbruch.

Denn wir werden gezwungen, unsere Räume aufzugeben. Gotteshaus war früher – jetzt ist in den alten Gebäuden eine Sparkasse oder ein Luxus-Restaurant. Manchmal aber auch ein Kindergarten, ein Altenheim, ein Jugendzentrum mit Kletterwand oder ein Kulturzentrum.

Die alte Kirche geht vielleicht unter – aber es entsteht eine neue, vielleicht ohne feste Räume, ohne Platzhirschgebaren. Lesen wir Texte aus dem Alten Testament, aus der Nomadenzeit und dem Beginn der Sesshaftwerdung des Volkes Israel. Dann erst kommen Gesetze, Regeln, Ordnungen. Vielleicht sind wir am anderen Ende der Geschichte. Wir müssen Wände, Mauern, Türme einreißen und wieder auf Wanderschaft gehen. Die Tafeln mit den Zehn Geboten können wir ja mitnehmen, falls sie jemand braucht.

Apropos Reisen: Ich möchte allen Leserinnen und Lesern den Besuch von Erfurt empfehlen. Überhaupt: Thüringen. Ein wunderschönes Land. Insbesondere lege ich Ihnen die St. Severins-Kirche ans Herz. Die liegt direkt neben dem Dom. Dort findet man in einem Seitenschiff Jesus nicht ans Kreuz genagelt. Dort breitet er die vielmehr Arme aus, als wolle er uns empfangen. Als Freund. Das ist unser Glaube. Auf Karfreitag folgt Ostern. Nicht nur Leid, Tod und Schmerz, sondern als Erstes: Beziehung. Umarmung. Einheit.

Das schaffen wir. Ohne Kirche. Ohne Ort. Ohne Zeit. Öffnet die Arme. Heißt alle willkommen. Drückt sie fest an die Brust. Er würde das tun.

DAS NICHT-EXISTIERENDE KAPITEL 13

DIE NÄCHSTE APOKALYPSE ODER: DIE ZWEITE CHANCE

Gleis 13, Deck 13, 13. Stock, Wagen 13 – all dies wird man vergeblich suchen. Da diese Ziffer angeblich Unglück bringt. Wir sind aber nicht abergläubisch und fügen daher dreist an die biblischen zwölf noch ein weiteres Kapitel an, ein verborgenes – aber mit Ausblick.

Viele schwadronieren vom Untergang der Kirche beziehungsweise des gleichnamigen Schiffs. Das Irritierende: Das tun sie schon seit Langem. Vielleicht ist da bei manchem auch der Wunsch der Vater des Gedankens. Aber klar: Die letzten Prognosen zur Mitgliederentwicklung sind nicht mutmachend. Das waren sie aber noch nie. Und auch wenn in der Tat vieles ins Rutschen gekommen ist in den letzten Jahrzehnten und die Entwicklung nicht sonderlich vielversprechend erscheint: Die Kirche steht noch. Vielleicht gibt es doch gar keinen Grund zu elementarer Besorgnis? Sind wir vielleicht zu pessimistisch?

Versuchen wir doch, die Geschichte noch mal einzuordnen. Zunächst: Es gab schon viele Untergänge. Sehr bekannt ist etwa der von Bernd Eichinger. Also, nicht sein persönlicher, sondern der gleichnamige Film, bei dem er Regie führte. Den Untergang der SPD dürfen wir allerdings auch nicht vergessen – obwohl der wiederum ohne Führer stattfand. Der des sogenannten Abendlandes wiederum wiederholt sich seit dessen Entdeckung – und zwar jedes Mal, wenn es eine neue Erfindung oder eine neue Generation gibt oder eine neue Regierung.

Den Untergang der Sonne sehen wir täglich – daran aber haben wir uns gewöhnt, der beunruhigt uns nicht mehr, da wir uns darauf verlassen können, dass sie in aller Regel schon am nächsten Morgen wiederkommt. Beim Untergang eines Schiffs ist das anders: Wenn das erst mal unter Wasser ist, sind in aller Regel Hopfen und Malz verloren. Oder Kaffee. Oder Salpeter. Oder was auch immer die Fracht gewesen sein mag. Hier gilt: *They never come back.* Ein Schiff gilt dann zumeist als Wrack und seine Bergung als nicht sinnvoll – oder als Abenteuer für Taucher. Das aber ist keine Seltenheit: Schiffe sind weltweit immer schon gesunken. Viele, viele Schiffe. Und nicht nur die Titanic.

Tabula rasa

Wenn wir uns also mit dem maritimen Bild einer womöglich untergehenden Kirche beschäftigen, warum orientieren wir uns dann nicht am berühmtesten Untergang aller Zeiten: der Sintflut? Davon war die ganze Welt betroffen. Und hier überlebte man wiederum nur, wenn man rechtzeitig seine alten Zelte abbaute und dann an Bord eines Schiffs ging. Eines bestimmten Schiffs, des vermutlich ersten Kreuzfahrtschiffs der Geschichte: der Arche. Wobei das kein Luxus gewesen sein dürfte: An Bord war nur eine fromme Familie. Und Tiere – die man allerdings nicht essen durfte.

Aber beginnen wir von vorn. Für die jüngeren Leser: Das ist eine Geschichte aus der Bibel. Bibel wiederum heißt zu Deutsch: Buch. Genau, das sind diese Dinger mit den Blättern, die man braucht, um Trockenblumen zu machen. Eine der dramatischsten Geschichten dieser Heiligen Schrift ist die Erzählung der Sintflut. Das war gewissermaßen ein analoger Shitstorm. Kurz: Gott ist wahnsinnig wütend und schickt eine gigantische Sturmflut über die gesamte bekannte Welt. Alle Menschen und alle Tiere saufen ab. Bis auf die Fische natürlich, die Glückspilze.

Ein Mensch namens Noah allerdings überlebt auch. Warum? Er hatte, wie man das an der Börse nennt, Insider-Informationen. Dazu später mehr. Chronologisch befinden wir uns bei der Sintflutgeschichte relativ kurz nach dem Sündenfall. Adam und Eva waren aus dem Paradies vertrieben worden, wegen dieser Geschichte mit Apple. Da ging es irgendwie ums Urheberrecht.

Aber dann ließen sie es sich gut gehen. Alle. Die ersten Menschen wurden uralt. Kein Wunder: Sie arbeiteten nicht, ernährten sich vegetarisch und kopulierten, was das Zeug hielt. Es war eine Atmosphäre wie in der Berliner Kommune 1. Quasi, Pubertät der Menschheit. Man probiert sich halt aus.

Gott aber hat logischerweise wenig Erfahrung mit Pubertierenden. Und ärgert sich über die primitiven Primaten, die seinen Planeten da bevölkern. Ähnlich wie bei der Neueinführung des sogenannten »Magenta TV« durch die Deutsche Telekom: Diese war durch die zahlreichen Buchungen ihrer Kunden derart überfordert, dass sofort die Server zusammenbrachen. Man könnte sagen: »Vom eigenen Erfolg überrascht«.

Gott dagegen erscheint eher von seiner eigenen Schöpfung enttäuscht. Und will sie quasi rückgängig machen, gewissermaßen *Tabula rasa.* Das darf man nicht verwechseln mit *Tohuwabohu.* Das ist hebräisch und heißt »wüst und leer«. Das stammt wiederum aus der Schöpfungsgeschichte. Bevor die Welt geschaffen wurde, war alles »wüst und leer«, »Tohuwabohu«. Und bald danach also war alles *Tabula Rasa.* Das bedeutet im Lateinischen gewissermaßen: eine abgewischte Tafel oder ein nicht mehr beschriebenes Blatt, bzw. ein frisch geschaffener und dann alsbald nahezu komplett ausgelöschter Planet.

Gott ist aber nicht nur ungeduldig, sondern auch inkonsequent. Ganz schlecht für eine Autoritätsperson. Seinen eigenen Plan mit der Sintflut sabotiert er selber schon von Beginn an. Alle Menschen sollen untergehen? Ach nee, doch nicht. Gott quatscht nachts Noah an, weil er ihn retten will. Angeblich wegen seiner Frömmigkeit – als wäre die so einmalig gewesen. Das muss doch auf einen Pubertierenden wirken, als hätte der Erziehungsberechtigte keine wirkliche Überzeugung, sondern vielmehr ein schlechtes Gewissen.

Aber Noah jedenfalls, findet Gott, ist fromm. Nur erzählt die Bibel allerdings auch die Geschichte, wie der Mann später sturzbesoffen halb nackt in seinem Zelt umkippt. Und als sein Sohn Ham ihn so findet, ist Noah das nicht peinlich. Er schämt sich auch nicht, weil er sich im Suff so hat gehen lassen. Im Gegenteil! Was tut er?! Er verflucht Ham. Seitdem werden in dieser hässlichen Stadt in Westfalen die Züge immer geteilt. Sie halten deshalb dort fünf Minuten länger als sonst und alle Passagiere sind gezwungen, den Anblick dieses gottverlassenen

Kaffs auf sich wirken zu lassen. Raucher springen aus den Türen und verpesten die Luft. Außerdem werden dort die ICE-Toiletten geleert. Shitstorm eben.

Apokalypse mit Exit-Strategie

Damals in biblischer Frühzeit ist es übrigens noch relativ normal, dass Gott zu und mit Menschen spricht. Die sind jedenfalls nie besonders überrascht, wenn sie ihn treffen, sondern reagieren total sachlich. Als würden sie dem Nachbarn begegnen. »Na, Moin Gott, wie geht's? Alles im Lack?!« Und Gott sagt: »Muss«. Und zu Noah: »Jetzt pass mal auf: Die Erde ist total verdorben, das passt mir nicht. Ich mach Schluss. Also: Bau Dir ein Boot.«

Und Noah nickt. »Ja, sicher, mach ich!«. Bitte, das einmal im Detail vorgestellt: Du wohnst in der Wüste und dann kommt jemand und – selbst, wenn sich dabei um Gott handelt – wenn der Dir sagt, Du sollst ein Schiff bauen, sagst Du: »O.K.!« Und fängst an! Wohl kaum. Da muss man doch auch mal ein wenig weiterdenken: Als einziger Mensch die Apokalypse überleben zu dürfen, ist natürlich eine Auszeichnung. Aber ja, auch nicht nur schön. Von jetzt an bist Du ganz und gar allein mit Deiner Familie. Sonst ist da niemand, mit dem Du mal reden kannst. Du kennst jeden, den es gibt. Und bist auch noch mit ihnen allen verwandt. Das ist ein Lebensgefühl wie im Harz. Das ist nicht schön.

Daher ist es verwunderlich, dass Noah nicht gefeilscht hat. Die Geschichte spielt schließlich im Orient! Absolut wahrscheinlich ist es, dass Noah darum gebeten hätte, vielleicht doch auch noch ein paar venezolanische Schönheitsköniginnen mit an Bord nehmen zu dürfen. Oder schottische Schwarzbrenner.

Noah aber widerspricht angeblich nicht. Der tut, was man ihm sagt. Man kann sagen: Er war der erste Deutsche. Noah heißt in unsere Sprache übersetzt tatsächlich: Ruhe. Und die ist ja bei uns auch die erste Bürgerpflicht. Außerdem war Noah wirklich recht ruhig, er war schließlich nicht mehr der Jüngste. Zum Zeitpunkt der Sintflut war Noah um die 600 Jahre alt. Also, eine Überalterung wie bei uns heute. Fit war er trotzdem – seine drei Söhne zeugte er im Alter so von ca. 500. Und das auch noch mit unterschiedlichen Frauen. Man nennt ihn deshalb auch den Horst Seehofer des Alten Testaments.

Mit dem pauschalen Befehl ist es aber noch nicht getan. Gott beschreibt Noah auch noch sehr präzise, wie die Arche aussehen soll. Klar: Noah ist kein Seemann. Was soll er also bauen? Einen Holzkasten, von innen mit Pech präpariert und dreistöckig. Und dann geht es los mit dem Schiffbau.

Das wiederum wäre in Deutschland undenkbar. Du hättest gerade die erste Planke im Garten liegen, da hätte der Nachbar schon das Bauamt angerufen und die würden erst mal die Baustelle stilllegen. Aber wir befinden uns in der Wüste. Wahrscheinlich hatte Noah gar keine Nachbarn. Der war ja Mietnomade.

Eine weitere Frage muss auch gestellt werden: In der Wüste ein Schiff zu bauen, ist nun wirklich ein ziemlich bescheuerter Plan. Aber wie ist das, wenn man an einer Küste lebt!? Hätte man da nicht auf so was kommen können? Völlig unabhängig von Gott und Sintflut? Und: Was wäre denn da los gewesen!? Wenn Noah mit der Arche nicht allein gewesen wäre auf See?!

Wenn da zum Beispiel noch so ein paar Wikinger unterwegs gewesen wären. Noah und Family dümpeln auf dem Wasser rum wie die Amateure, mit ihrem bescheuerten, dreistöckigen, manövrierunfähigen hebräischen Wüsten-Kasten und werden von einer flotten dänischen Zwei-Mast-Brigg versenkt. Hey, Hey, Wickie, hey, Wickie, hey! Um Himmels willen!

Oder stellt Euch vor, sie treffen auf ein Greenpeace-Boot!?! Und die Aktivisten rufen: »Hey, Leute, was habt Ihr denn da an Bord!?! Sind das Tiere?! Hey, die sind ja alle vom Aussterben bedroht! Und dann auch noch in Käfighaltung! Lasst die sofort frei!«

Rein oder nicht rein – das ist hier die Frage

Ja, Tiere. Gerettet werden soll Noah natürlich nicht allein. Er soll noch seine Frau mitnehmen, sowie seine Söhne mit ihren jeweiligen Frauen. Und eben Tiere. Aber auch wiederum nicht alle. Von den unreinen Tierarten jeweils ein Paar, von den reinen jeweils sieben. Auch das ist völlig inkonsequent. Hätte Gott doch gleich sagen können: Wo wir schon mal dabei sind, lassen wir die Unreinen auch untergehen! Aber nein …

Rein bedeutet übrigens nicht sauber oder so. Rein bedeutet auch nicht, hygienisch und essbar. Rein bedeutet nur, dass Gott die Opferung dieser Tiere akzeptabel findet. Das ist total kompliziert – also, die Hebräer haben da selber nie wirklich durchgefunden. Paarhufer sind okay, wenn sie in ungeraden Wochen geboren wurden, Vögel sind rein, wenn sie aus einer Vogeltränke trinken. Sogar Tiere mit Schuppen sind o.k.! Ich meine: Schuppen – das geht doch gar nicht! Kurz: Die Reinheitsregeln sind in etwa so einleuchtend wie das Tarifsystem der Deutschen Bahn. Du bekommst den Super-Billig-Sparpreis. Aber Du musst am Donnerstag hinfahren und am Montag zurück. Und es darf kein Wochenende dazwischen liegen.

Leider Gottes sind die Regeln total willkürlich. Ach so: Die Dinosaurier sind übrigens wegen der Sintflut ausgestorben. Jaja.

Die passten einfach nicht auf das Schiff. Größe mal Länge mal Gewicht. Dafür reichten nicht mal die Balkonkabinen aus. Vermutlich sind auch noch andere Tierarten in diesem Zusammenhang verschwunden; von deren Existenz wir gar nichts wissen.

Wiederum andere haben überlebt, auf die wir auch gerne hätten verzichten können – Silberfische zum Beispiel. Na ja, für rein kann niemand die gehalten haben! Vielleicht sollten die auch vernichtet werden, aber der Plan ging schief?! Vielleicht sind Silberfische selbst überirdisch, gottgleich. Weil die alles überleben. Vulkanausbrüche, Feuersbrünste, Tsunamis – alles.

Hier kommt die Flut!

Irgendwann jedenfalls ist die Arche fertig und man hat die Kontrollen perfektioniert: Bodyscanner, Identitätskontrolle, Sicherheitsschleuse – abgesehen von den Maulwürfen gibt es auch keine blinden Passagiere: Es kann losgehen. Als Noah also alle besagten Tierarten und seine Familie in der Arche hat, legt Gott dann den Schalter um. Die Gullys laufen über und es regnet, es gießt, es schüttet. 40 Tage und Nächte Regen. Mich beeindruckt das überhaupt nicht. Ich wohne in Hamburg. Aber damals, in der Wüste, war das schon etwas Besonderes. Bestimmt. Irgendwann sind dann alle und alles unter Wasser. Sogar die Berge. Angeblich sind auch die Vögel ertrunken, weil sie nirgendwo landen konnten. Irgendwann ging auch ihnen der Sprit aus.

Nach vierzig Tagen hört es dann auf zu regnen, aber es dauert noch weitere hundertfünfzig Tage, bis das Wasser wirklich zurückgeht. 190 Tage. Normaler norddeutscher Winter. In jedem Falle eine lange Zeit.

Die Bibel schreibt aber, es sei eine schöne ruhige Fahrt gewesen. Alle Tiere waren offenbar höflich, zuvorkommend und hielten die vorgeschriebene Nachtruhe ein. 190 Tage lang. Mal ehrlich: Das ist vollkommen unrealistisch. Auf hoher See dreht man bereits nach wenigen Tagen durch, ohne Land in Sicht, gerade als Nomade. Und auch ohne meckernde Ziegen und gackernde Hyänen in der Kabine nebenan. Auf der Aida fallen die Leute jedenfalls in der Regel schon nach zwei Seetagen übereinander her. Und auf der Arche gab es noch nicht mal Animation. Vermute ich. Zumindest ist es unwahrscheinlich, dass es morgendliche Aerobic-Routinen gab oder Yoga-Workouts, damit die Raubtiere Stress abbauen konnten.

Aber angeblich gab es keinerlei Ärger. Jedenfalls laut Bibel. Seltsam. Und selbst wenn Noah seine Familie im Griff hatte und genügend Futter für alle: Ich hätte gewettet, dass die Tiere irgendwann die Nerven verlieren und animalisch werden. Das wäre jedenfalls die realistische Vorstellung: Das Wasser geht zurück, die Arche landet, Gott macht die Tür auf – und wer kommt raus: Zwei vollgefressene Grizzlybären. Rülps. »Super Buffet. Aida, jederzeit wieder.« Daumen hoch.

Angeblich lief aber alles friedlich ab. Das Wasser geht irgendwann zurück. Noah gibt auch hier keine besonders gute Figur ab. Er schickt fünf unterschiedliche Vögel los, die schauen sollen, ob das Wasser auch wirklich weg ist. Einen nach dem anderen. Und dann noch einen. Bis Gott mal wieder die Geduld verliert und zu ihm kommt. »Lieber Noah, das Wasser ist weg! Raus jetzt!«.

Chance, die nächste, bitte!

Noah der Tölpel landet mit der Arche auf dem Berg Ararat. Was die nautischen Fähigkeiten angeht, könnte er jederzeit bei der Costa anfangen.

Und was macht Noah als Erstes, als er von Bord geht? Er bringt dem Herrn ein Brandopfer. Von allem reinen Getier und reinem Geflügel. Mann. Das gibt es doch nicht. Da hast Du Dich als Hühnchen sechs Monate auf See gequält, hast von 22 Uhr abends bis 7 Uhr morgens die Klappe gehalten, Dich von Silberfischen beleidigen lassen – und wofür? Gleich beim Aussteigen wirst Du gegrillt. Na, schönen Dank.

Aber Gott wird dadurch ganz milde und sagt: Das Dichten und Trachten des Menschen ist zwar böse … aber Hühnchen? Lecker. Also: Schwamm drüber. War nicht mein Tag. Nehmt es nicht persönlich. Kommt nicht wieder vor.

Das ist ja auch mal ein echter Trost für die Hinterbliebenen.

Noah und Gott gründen dann auch noch so eine Art Club. Die Bibel nennt das »Bund«. Und der Regenbogen ist das Zeichen, dass der Herr es nie wieder so lange regnen lassen will. Die Optionen Feuersbrunst, Eiszeit und Atomkrieg hat er sich damit ausdrücklich offengehalten.

Man kann aber sagen: Es ging dann alles noch mal von vorne los. Abraham, Israel und so weiter und so weiter. Die Menschheit bekam eine zweite Chance.

Was wir daraus lernen? Kein Untergang ist für immer. Und: Einer ist wie der andere. Und: Gott ist manchmal grausam und manchmal auch gnädig – finde es heraus. Und vor allem: Manchmal ist es Zeit, die alten Zelte hinter sich zu lassen und ein Schiff zu bauen – auch wenn manche Dich für vollkommen verrückt halten. Und manchmal ist es genau umgekehrt und Du musst Dein Zelt nehmen und von Bord. Aber: Nur wer aufbricht, wird überleben – so Gott will. Nach dem Motto: nach uns die Sintflut. Vor uns die Ewigkeit.